원서발췌
송사삼백수

고전 명작을 읽는 가장 쉬운 길, ‘지식을만드는지식 원서발췌’

축약, 해설, 리라이팅이 아닙니다. 원전의 핵심 내용을 문장 그대로 가져옵니다. 작품의 오리지낼리티를 가감 없이 느낄 수 있습니다.
두껍고 읽기 어려워 책장을 덮어 버리곤 했던 고전을 발췌합니다. 해당 작품을 연구한 전문가가 작품의 정수를 가려 뽑아냅니다. 핵심만 읽기 때문에 더 빠르게 더 많은 고전을 읽을 수 있습니다. 제외된 부분은 중간중간 친절하게 요약 설명합니다. 풍부한 해설과 주석으로 전체 내용을 파악하는 데 무리가 없습니다. 정확한 번역, 적절한 윤문으로 10대에서 80대까지 누구나 쉽게 읽을 수 있습니다. 콤팩트한 사이즈와 분량이므로 간편하게 휴대할 수 있습니다. 수천 쪽의 고전을 발췌된 내용으로 읽고도 전체 의미를 파악할 수 있는 것이 지식을만드는지식 원서발췌의 매직입니다. 발췌율은 표지에 표시하고 발췌 방법은 일러두기에 상세히 밝힙니다.
고전 독자를 발췌 읽기에서 완역 읽기로, 더 나아가 원전 읽기로 안내합니다. 바쁜 현대인들에게 새로운 고전읽기 방법을 제시합니다.

원서발췌
송사삼백수

宋詞三百首

주조모(朱祖謀) 엮음
류종목 옮김

대한민국, 서울, 지식을만드는지식, 2025

편집자 일러두기

- 이 책은 주조모(朱祖謀)가 편찬한 《송사삼백수(宋詞三百首)》 가운데 대표적인 작품 53수를 선정했습니다.
- 부제(副題)가 있는 작품의 경우 본문에서는 사조명(詞調名)과 부제를 병기하고, 차례에서는 형식을 통일하기 위해 부제 유무에 관계없이 사조명과 첫 구절을 병기했습니다.
- 압운한 구절에는 '.'를 붙이고, 압운하지 않은 구절에는 ','를 붙이고, 잠시 멈추는 곳인 두(讀)에는 '·'를 붙여서 표시했습니다.
- 사조명 중의 '樂'이 '악'인지 '락'인지는 두문란(杜文瀾)의 〈사율운목(詞律韻目)〉을 따랐습니다.
- 괄호 안의 말과 바깥 말의 독음이 다를 때, 괄호가 중복될 때에는 [ ]를 사용했습니다.
- 인명의 한자는 모두 한국 발음으로 통일해 표기했습니다.
- 옛날 지명은 한국 발음으로, 현대 지명은 중국 발음으로 표기했습니다.
- 외래어 표기는 현행 한글어문규정의 외래어표기법을 따랐습니다.
- 이 책은 2016년 3월 10일 '천줄읽기' 시리즈로 처음 출간했다가 이번에 '원서발췌' 시리즈로 옮겨 출간합니다.

차례

범중엄(范仲淹)

소막차(蘇幕遮 · 碧雲天) • 2

어가오(漁家傲 · 塞下秋來風景異) • 4

장선(張先)

보살만(菩薩蠻 · 哀箏一弄湘江曲) • 8

천선자(天仙子 · 水調數聲持酒聽) • 10

청문인(靑門引 · 乍暖還輕冷) • 13

안수(晏殊)

완계사(浣溪沙 · 一曲新詞酒一杯) • 16

완계사(浣溪沙 · 一向年光有限身) • 18

청평악(淸平樂 · 金風細細) • 20

답사행(踏莎行 · 小徑紅稀) • 22

구양수(歐陽修)

채상자(采桑子 · 群芳過後西湖好) • 26

답사행(踏莎行 · 候館梅殘) • 28
접련화(蝶戀花 · 庭院深深深幾許) • 30
접련화(蝶戀花 · 誰道閑情抛棄久) • 32
접련화(蝶戀花 · 幾日行雲何處去) • 34
목란화(木蘭花 · 別後不知君遠近) • 36

유영(柳永)
우림령(雨林鈴 · 寒蟬凄切) • 40
야반락(夜半樂 · 凍雲黯淡天氣) • 43
팔성감주(八聲甘州 · 對瀟瀟暮雨灑江天) • 479

왕안석(王安石)
계지향(桂枝香 · 登臨送目) • 52

안기도(晏幾道)
임강선(臨江仙 · 夢後樓臺高鎖) • 58
자고천(鷓鴣天 · 彩袖殷勤捧玉鍾) • 60

소식(蘇軾)
수조가두(水調歌頭 · 明月幾時有) • 65
염노교(念奴嬌 · 大江東去) • 68

복산자(卜算子 · 缺月掛疏桐) • 73

임강선(臨江仙 · 夜飮東坡醒復醉) • 75

정풍파(定風波 · 莫聽穿林打葉聲) • 78

강성자(江城子 · 十年生死兩茫茫) • 81

진관(秦觀)

만정방(滿庭芳 · 山抹微雲) • 84

답사행(踏莎行 · 霧失樓臺) • 88

완랑귀(阮郎歸 · 湘天風雨破寒初) • 91

이지의(李之儀)

복산자(卜算子 · 我住長江頭) • 94

주방언(周邦彦)

난릉왕(蘭陵王 · 柳陰直) • 98

육추(六醜 · 正單衣試酒) • 103

접련화(蝶戀花 · 月皎驚烏棲不定) • 107

하주(賀鑄)

칭옥안(靑玉案 · 凌波不過橫塘路) • 112

악비(岳飛)

만강홍(滿江紅 · 怒髮衝冠) • 116

장효상(張孝祥)

육주가두(六州歌頭 · 長淮望斷) • 120

염노교(念奴嬌 · 洞庭青草) • 125

육유(陸游)

복산자(卜算子 · 驛外斷橋邊) • 130

어가오(漁家傲 · 東望山陰何處是) • 132

신기질(辛棄疾)

모어아(摸魚兒 · 更能消幾番風雨) • 136

영우락(永遇樂 · 千古江山) • 140

청옥안(青玉案 · 東風夜放花千樹) • 145

보살만(菩薩蠻 · 鬱孤臺下清江水) • 148

강기(姜夔)

양주만(揚州慢 · 淮左名都) • 152

암향(暗香 · 舊時月色) • 156

사달조(史達祖)

기라향(綺羅香 · 做冷欺花) • 160

오문영(吳文英)

풍입송(風入松 · 聽風聽雨過淸明) • 164

장염(張炎)

월하적(月下笛 · 萬里孤雲) • 168

왕기손(王沂孫)

제천악(齊天樂 · 一襟餘恨宮魂斷) • 174

이청조(李淸照)

여몽령(如夢令 · 昨夜雨疏風驟) • 180

취화음(醉花陰 · 薄霧濃雲愁永晝) • 182

성성만(聲聲慢 · 尋尋覓覓) • 185

해설 • 189

엮은이에 대해 • 197

옮긴이에 대해 • 198

범중엄(范仲淹)

989～1052.

오현[吳縣, 지금의 장쑤성 쑤저우(蘇州)] 사람으로

자가 희문(希文)이며 관직이 참지정사(參知政事)에 이르렀다.

인종 때 섬서경략부사(陝西經略副使)로서 서하(西夏)의

침공을 방어하는 데 공적을 세웠다. 그의 사는 변새의 풍광과

더불어 변방을 지키는 병사의 심경을 잘 묘사해서 풍격이

대체로 호방한 편이라 왕안석(王安石)과 소식(蘇軾)에게

어느 정도 영향을 미쳤다.

사 5수가 전해진다.

소막차

푸른 구름 뜬 하늘
누런 낙엽 쌓인 땅
가을빛은 물결까지 이어졌는데
물결 위에 찬 안개가 파르라니 깔렸구나.
산에는 석양 비치고 하늘은 물과 맞닿았는데
더구나 방초는 무정하게도
석양의 저쪽 편 더 먼 곳에 있구나.

암담한 고향 생각
뒤따라 이는 여수
밤마다 귀향의 부푼 꿈만이
밤새도록 내 잠 속에 머물러 있다.
달 밝을 때 누각에 기대서지 말아라.
근심 어린 창자에 술이 흘러 들어가면
그것이 그리움의 눈물로 변한단다.

蘇幕遮
碧雲天，黃葉地．秋色連波，波上寒烟翠．山映斜陽天接水. 芳草[1]無情, 更在斜陽外.

黯[2]鄉魂[3], 追[4]旅思[5]. 夜夜除非[6], 好夢[7]留人睡[8]. 明月樓高休[9]獨倚. 酒入愁腸, 化作相思淚[10].

해설

머나먼 타향에 머물던 어느 가을날 을씨년스러운 세모의 풍경을 보면서 향수에 빠진 자신의 심경을 노래한 것이다.

---

1) 방초(芳草) : 옛날에 늘 보던 고향의 풀을 가리킨다.

2) 암(黯) : 마음이 울적하고 암담하다.

3) 향혼(鄉魂) : 고향을 그리는 마음.

4) 추(追) : 바짝 따라붙다.

5) 여사(旅思) : 나그네 시름. 여수(旅愁).

6) 제비(除非) : 오로지 ~만이 ~하다.

7) 호몽(好夢) : 귀향의 꿈을 가리킨다.

8) 유인수(留人睡) : 사람의 잠 속에 머물다. 이 연은 자신이 밤마다 내내 고향으로 돌아가는 꿈만 꾼다는 말이다.

9) 휴(休) : ~하지 말라.

10) 상사루(相思淚) : 고향에 대한 그리움 때문에 생긴 눈물을 가리킨다.

어가오

변방에 가을 오니 풍경이 색다른데
기러기는 미련 없이 형양으로 떠나간다.
뿔피리 소리에 이어지는 사방의 변방 소리
우뚝 솟은 천 개의 산봉우리 속에서
안개 너머로 해가 지고 외로운 성이 닫힌다.

탁주 한 잔에 만 리 밖의 고향집이 그립건만
연연산에 공 못 새겨 돌아갈 수가 없다.
아련한 피리 소리와 땅에 가득한 서리로
잠을 이루지 못한 채
장군은 머리가 희어지고 병사는 눈물이 흐른다.

漁家傲
塞下[11]秋來風景異. 衡陽[12]雁去無留意. 四面邊聲[13]連角

---

11) 새하(塞下) : 변새. 여기서는 서하와 국경을 맞대고 있는 서북 지방을 가리킨다.

12) 형양(衡陽) : 지금의 후난성 형양. 기러기가 찾아가는 남쪽 지방을 가리킨다. 가을에 따뜻한 곳을 찾아 남쪽으로 날아가는 기러기가 이곳

起. 千嶂[14]裏. 長煙[15]落日孤城閉.
濁酒一杯家萬里. 燕然[16]未勒歸無計[17]. 羌管[18]悠悠霜滿地. 人不寐. 將軍白髮征夫淚.

해설

범중엄이 서북쪽 변방에서 서하의 침공을 방어하고 있을 때 지은 사로, 가을을 맞이한 서북쪽 변방의 이색적인 풍광과 고향을 떠나와서 오랫동안 국경을 수비하고 있는 자신과 병사들의 심경을 잘 묘사했다.

에 있는 회안봉(回雁峰)까지만 내려가고 그보다 더 남쪽으로는 내려가지 않는다는 속설이 있다.

13) 변성(邊聲) : 변방에서 일어나는 갖가지 소리.

14) 천장(千嶂) : 수없이 많은 높고 가파른 산을 가리킨다.

15) 장연(長煙) : 허공에 가득한 안개.

16) 연연(燕然) : 연연산. 지금의 몽골인민공화국에 있는 항애산(杭愛山)을 가리킨다. 《후한서(後漢書) · 두헌전(竇憲傳)》에 후한 장군 두헌이 흉노의 침공을 물리친 후 이 산에 올라가 전공을 새긴 기념비를 세웠다고 한다.

17) 귀무계(歸無計) : 돌아가는 데에 계책이 없다.

18) 강관(羌管) : 강족(羌族)의 피리. 피리의 범칭이다.

장선(張先)

990~1078.

오정[烏程, 지금의 저장성 후저우(湖州)] 사람으로 자가 자야(子野)다. 유주지주(渝州知州) · 도관낭중(都官郎中) 등의 관직을 역임했으며, 만년에는 호주에 은거하면서 그 일대 문단의 영수가 되었는데 이때 소식(蘇軾)에게 적지 않은 영향을 미쳤다.

초기에는 소령(小令)으로 안수(晏殊) · 구양수(歐陽修)와 이름을 나란히 했고, 나중에는 만사(慢詞)로 유영(柳永)과 이름을 나란히 했다.

사집으로 《안륙사(安六詞)》(일명 《장자야사》)가 있다.

보살만

구슬픈 쟁으로 〈상강곡〉을 한 번 타자
소리마다 상강의 푸른 물결 묘사하네.
가늘디가는 손가락이 열세 줄에서
세세하게 그윽한 원한을 전해 오네.

연회에 임해 있는 가을 물이 아름답고
옥 안주엔 비스듬히 기러기 나네.
애간장이 끊어지는 대목에 이르러선
봄 산 모양 눈썹을 살짝 숙이네.

菩薩蠻
哀箏[19]一弄[20]湘江曲[21]. 聲聲寫盡[22]湘波綠. 纖指十三弦.

---

19) 쟁(箏) : 현악기의 하나로 명주실로 된 열세 줄의 현이 있다.

20) 농(弄) : 타다. 연주하다.

21) 상강곡(湘江曲) : 곡조 이름. 상강은 호남성 남부에서 북쪽으로 흘러 동정호(洞庭湖)로 들어가는 강인데, 순(舜)임금이 남쪽을 순수(巡狩)하러 가서 오랫동안 돌아오지 않자 아황(娥皇) · 여영(女英) 두 왕비가 그를 찾아갔다가 순임금이 죽었다는 말을 듣고 상강에 투신해 상강

細將[23]幽恨傳.
當筵秋水[24]慢[25]. 玉柱[26]斜飛雁. 彈到斷腸時. 春山眉黛低.

해설
연회 자리에서 쟁을 타는 여인의 연주 솜씨와 아름다운 용모를 칭송하고 나아가 그녀의 애달픈 심정을 함축성 있게 묘사했다.

의 신이 되었다는 전설이 있다.

22) 사진(寫盡) : 있는 대로 다 묘사하다.

23) 장(將) : ~을. 목적어를 동사 앞으로 끄집어낼 때 쓰는 전치사다.

24) 추수(秋水) : 가을철의 물처럼 맑디맑은 눈을 가리킨다.

25) 만(慢) : 아름답다. '만(曼)'과 같다.

26) 주(柱) : 안주(雁柱). 기러기발. 현악기의 줄을 고르기 위해 단단한 나무로 기러기의 발 모양과 비슷하게 만들어서 줄의 밑에 괴는 기구.

천선자
—당시 가화통판으로 있었는데, 병으로 누워 있느라 관아의 모임에 참석하지 못했다

〈수조가두〉 몇 마디를 술잔 들고 들었나니
낮술은 다 깼건만 시름은 아직 안 깼다.
가는 봄을 보내나니 언제 다시 돌아올까?
저녁 거울 앞에 앉아
흐르는 세월에 상심하면서
부질없이 지난 일과 만날 기약 생각한다.

어둠 내린 연못가에 새가 짝지어 앉았는데
구름 깨져 달 나오니 꽃이 그림자를 희롱한다.
겹겹이 휘장 쳐서 등불을 꼭 가려도
바람이 자지 않고
인적이 막 끊어지기 시작했으니
내일이면 낙화가 길에 가득하겠다.

天仙子—時爲嘉禾[27]小倅[28], 以病眠不赴府會
水調[29]數聲持酒聽. 午醉醒來愁未醒. 送春春去幾時回,

臨晚鏡. 傷流景[30). 往事後期[31)空記省[32).
沙上並禽[33)池上暝. 雲破月來花弄影[34). 重重簾幕密遮燈,
風不定. 人初靜. 明日落紅[35)應滿徑.

해설

장선이 가화통판으로 재임할 때 지은 것으로 봄이 가는 것에 대한 아쉬움과 시간이 너무 빨리 흐르는 것에 대한 안타까움이 잘 그려져 있다. 증조(曾慥)의 《고재시화(高齋詩話)》에 "장자야에게 시가 있어 '부평초 끊어진 곳에 산

---

27) 가화(嘉禾) : 지금의 저장성 자싱(嘉興). 수주(秀州)의 별칭이다.

28) 소쉬(小倅) : 부관(副官). 장선은 당시 가화, 즉 수주의 통판(通判)으로 재임하고 있었다.

29) 수조(水調) : 〈수조가두(水調歌頭)〉의 약칭. 당시에 유행하던 곡조의 이름이다.

30) 유경(流景) : 흐르는 세월.

31) 왕사후기(往事後期) : 지난 일과 훗날에 만나기로 한 기약.

32) 기성(記省) : 마음에 새기다.

33) 병금(並禽) : 암수가 짝을 이루고 있는 새.

34) 화농영(花弄影) : 꽃이 흔들리면 그림자도 따라서 움직이는 것이 마치 꽃이 그림자를 희롱하는 것 같다는 말이다.

35) 낙홍(落紅) : 떨어진 붉은 꽃잎. 낙화.

그림자 보인다'라는 구절이 있고, 또 사 가운데 '구름 깨져 달 나오니 꽃이 그림자를 희롱한다'라는 구절과 '담 너머서 그네 그림자마저 넘어오누나'라는 구절이 있는데 모두 인구에 회자하는지라 세상에서 그를 장삼영이라고 부른다(子野嘗有詩云 : '浮萍斷處見山影', 又長短句云 : '雲破月來花弄影', 又云 : '隔牆送過鞦韆影', 並膾炙人口, 世謂張三影)"라고 했고, 진사도(陳師道)의 《후산시화(後山詩話)》에 "상서랑 장선은 사를 잘 지었는데 '구름 깨져 달 나오니 꽃이 그림자를 희롱한다' · '발과 장막에서 꽃 그림자를 말아 올린다' · '가벼운 솜이 떨어져도 그림자가 없구나'라는 구절이 있으므로 세상에서 그를 장삼영이라고 칭송한다(尙書郎張先善著詞, 有云 : '雲破月來花弄影' · '簾幕捲花影' · '墮輕絮無影', 世稱誦云張三影)"라고 했다. 장선은 이처럼 '그림자(影)'라는 시어를 잘 썼거니와 증조와 진사도가 예시한 구절이 한결같이 멋진 구절이므로 이들을 합쳐서 그를 '장오영'이라고 불러도 좋을 것 같다.

청문인

잠시 따뜻하다가 다시 쌀쌀하더니
비바람이 저녁에야 겨우 멎었다.
적막한 이 뜨락에 청명절이 다가오매
다 져 가는 꽃 앞에서 취해 보나니
또다시 작년 병이 도진 것이다.

바람 불어 술이 깨니 성루에서 화각 소리
밤이 되자 중문이 고요하구나.
게다가 또 휘영청 밝은 달빛에
담 너머서 그네 그림자마저 넘어오누나.

青門引
乍暖還輕冷. 風雨晩來方定. 庭軒36)寂寞近淸明, 殘花中酒37), 又是去年病.
樓頭38)畫角39)風吹醒. 入夜重門40)靜. 那堪41)更被42)明月,

---

36) 정헌(庭軒) : 정원에 지어 놓은 작은 건물.

37) 중주(中酒) : 술에 취하다.

38) 누두(樓頭) : 성문 위에 지은 누각의 위를 가리킨다.

隔牆送過鞦韆43)影.

해설

저물어 가는 어느 봄날의 외로움과 그리움을 읊은 것이다. 외로움이나 그리움을 직접 서술하지 않고 달빛이 보내오는 그네 그림자를 묘사함으로써 그네는 그대로 있건만 그 그네를 타던 사람은 떠나 버리고 없음을 암시해 함축성을 증대했다.

---

39) 화각(畫角) : 옛날 관악기의 일종. 소뿔처럼 생겼는데 표면에 그림이 그려져 있다. 옛날에 군대에서 아침 · 저녁의 시간을 알리거나 병사들의 사기를 진작하기 위해 불었다.

40) 중문(重門) : 겹으로 세운 문.

41) 나감(那堪) : 게다가. 하물며.

42) 피(被) : ~로 인하여.

43) 추천(鞦韆) : 그네. 중문 바깥의 별채에 거주하던 애첩이 타던 그네를 가리키는 것으로 보인다.

안수(晏殊)

991~1055.

임천[臨川, 지금의 장시성 푸저우(撫州)] 사람으로

자가 동숙(同叔)인데 시호가 원헌(元獻)이기 때문에

흔히 안원헌이라고 불렀다.

14세에 신동(神童)으로서 시험을 거쳐

동진사출신(同進士出身)을 하사받은 뒤

관직이 재상에 해당하는

동중서문하평장사(同中書門下平章事)에 이르렀다.

그의 사는 부귀롭고 귀족적인 색채가 강하며

의경(意境)이 깊은 편이다.

사집으로 《주옥사(珠玉詞)》가 있다.

완계사

술 한 잔에 한 곡조의 새로운 가사
지난해의 그 날씨에 옛날 그 정자
서산에 지는 해는 언제 다시 돌아오나?

어찌해 볼 도리 없이 꽃잎은 떨어지고
마치 아는 사이인 양 제비는 돌아올 제
작은 정원 향긋한 길을 홀로 배회하누나.

浣溪沙

一曲新詞酒一杯. 去年天氣舊亭臺. 夕陽西下幾時回.
無可奈何44)花落去, 似曾相識45)燕歸來. 小園香徑46)獨徘徊.

---

44) 무가내하(無可奈何) : 어떻게 할 수 없다.

45) 사증상식(似曾相識) : 마치 옛날에 알던 사이인 것 같다. 제비는 지난해에 살던 집으로 돌아가서 다시 둥지를 트는 습성이 있는데 그것은 마치 주인을 알아보고 그러는 것 같다.

46) 향경(香徑) : 꽃잎이 떨어져서 흙에 향기가 배어 있는 오솔길.

해설

이미 세상의 부귀영화를 누릴 만큼 누렸고 또 아직도 누리고 있는 작자의 인생에 대한 무상감과 허무감이 진하게 배어 있는 작품이다. 세상은 참 즐겁고 살 만한 곳인데 세월이 쉬지 않고 자꾸만 흘러가서 안타까운, 해는 져도 다시 뜨고 제비는 갔다가 다시 돌아오지만 한 번 가면 다시는 못 돌아오는 인생이 아쉽기만 한 작자의 심경이 쉽게 읽힌다.

완계사

세월은 잠깐이요 인생은 유한하여
예사로운 이별에도 쉬이 넋이 나가니
술자리 노래 자리 잦다고 사양 마라.

이 산 저 강 바라보며 먼 곳 생각하다가
비바람에 꽃이 지면 더욱 가슴 아플 테니
눈앞에 있는 사람 사랑함이 나으리라.

浣溪沙
一向[47]年光[48]有限身. 等閑[49]離別易銷魂[50]. 酒筵歌席莫辭頻.
滿目[51]山河空念遠, 落花風雨更傷春. 不如憐取[52]眼前人.

---

47) 일향(一向) : 삽시간. 잠시.

48) 연광(年光) : 세월.

49) 등한(等閑) : 일상적이다. 예사롭다.

50) 소혼(銷魂) : 넋이 나가다.

51) 만목(滿目) : 눈에 보이는 모든 것을 가리킨다.

52) 연취(憐取) : 사랑하다. '취(取)'는 의미 없는 조자(助字)다.

해설

덧없는 인생의 잦은 이별을 한탄한 것이다. 떠나는 이에게 술이나 실컷 마심으로써 아쉬움을 달래라고 권하고, 아울러 떠나간 뒤에는 멀리 있는 옛 사람 생각으로 우울해하지 말고 새로 사귄 사람과 친하게 지내라고 충고하고 있다.

청평악

가을바람 솔솔 불어
한 잎 한 잎 오동 진다.
녹색 술을 갓 맛보고 이내 취하여
창 밑에 눕자마자 깊은 잠에 빠졌다.

배롱나무 불상화 시들었는데
석양이 때마침 난간 위에 비친다.
쌍쌍의 제비가 돌아가려 할 시절
은병풍에 어젯밤에 한기 살짝 어렸다.

淸平樂

金風[53]細細. 葉葉梧桐墜. 綠酒[54]初嘗人易醉. 一枕小窗濃睡.

紫薇[55]朱槿[56]花殘. 斜陽·却照闌干. 雙燕欲歸時節, 銀

53) 금풍(金風) : 가을바람. 오행(五行)에서 가을은 금(金)에 해당하기 때문에 이르는 말이다.

54) 녹주(綠酒) : 술의 재료인 곡식에서 파르스름한 기운이 우러난 술.

55) 자미(紫薇) : 목백일홍. 꽃이 약 100일 동안 피어 있다고 하는 백일

屛昨夜微寒.

해설

어느새 찾아온 가을을 맞아 형언하기 어려운 무상감과 고적감을 은근하게 토로한 것이다.

홍은 초본과 목본의 두 종류가 있는바, 백일홍나무는 발음이 변해 배롱나무라고 하는데 여름에 자줏빛 꽃이 피어서 가을에 신다.

56) 주근(朱槿) : 불상화(佛桑花). 아욱과의 상록 관목으로 무궁화와 비슷한 꽃이 핀다.

답사행

오솔길엔 붉은 꽃이 드물어지고
들판엔 싱그러운 풀이 가득 돋아 있고
누대 앞의 나무에는 녹음이 어둑하다.
봄바람은 버들개지 안 날리게 할 줄 몰라
자욱이 날려 행인의 얼굴을 마구 때린다.

시퍼런 잎사귀엔 꾀꼬리가 숨어 있고
붉은 주렴 너머엔 제비가 날고
고즈넉이 향이 피어 아지랑이 따라 돈다
근심 어린 꿈을 꾼 후 술기운 깨니
석양은 또 깊디깊은 뜰을 비춘다.

踏莎行
小徑紅稀, 芳郊綠徧. 高臺樹色陰陰見. 春風不解[57]禁楊花[58], 蒙蒙[59]亂撲行人面.

---

57) 해(解) : ~할 줄 알다.

58) 금양화(禁楊花) : 늦봄의 상징인 버들개지가 흩날리는 것을 막는다는 뜻으로 봄이 가는 것을 막는다는 말이다.

翠葉藏鶯, 朱簾隔燕. 鑪香靜逐游絲[60]轉. 一場[61]愁夢[62]
酒醒時, 斜陽却照深深院.

해설

온갖 꽃이 다 지고 녹음이 우거진 늦봄의 정경을 보면서 생긴 덧없는 세월에 대한 아쉬운 심경을 비교적 담담한 필치로 노래했다.

---

59) 몽몽(蒙蒙) : 자욱하게 덮인 모양.

60) 유사(游絲) : 아지랑이.

61) 일장(一場) : 한바탕.

62) 수몽(愁夢) : 근심 속에 꾸는 꿈.

구양수(歐陽修)

1007～1072.

여릉[廬陵, 지금의 장시성 지안(吉安)] 사람으로,

자가 영숙(永叔)이고

호가 취옹(醉翁) 또는 육일거사(六一居士)다.

어려서 아버지를 여의어 가난하게 살았지만 학문에 힘쓴

덕분에 관직이 참지정사(參知政事)에 이르렀다.

그는 북송 문단의 시문 혁신을 주도했지만

사에도 뛰어났다. 그는 이성 간의 사랑, 인생무상,

이별의 한 등을 제재로 삼아 심원하면서도 청려(淸麗)한

풍격의 사를 주로 지어 작풍이 안수(晏殊)와 비슷했다.

사집으로 《육일사(六一詞)》와

《취옹금취외편(醉翁琴趣外篇)》이 있다.

채상자

온갖 꽃이 진 뒤에도 서호는 좋을시고
꽃잎이 낭자하게 대지를 덮고
흩날리는 버들개지 하늘에 자욱한데
수양버들 난간에 온종일 바람 분다.

풍악 소리 사라지고 유람객들 떠나가자
비로소 봄이 다 간 허전함이 느껴져
나직이 발 내리니 가랑비 속에
쌍쌍이 짝을 지은 제비들이 돌아온다.

采桑子
群芳過後西湖[63]好，狼籍[64]殘紅[65]．飛絮濛濛[66]．垂柳闌

---

63) 서호(西湖) : 안후이성 푸양(阜陽)에 있는 호수로 영주서호(潁州西湖)라고 한다.

64) 낭자(狼籍) : 낭자하다. 여기저기 어지럽게 흩어져 있다. '낭자(狼藉)'와 같다.

65) 잔홍(殘紅) : 쇠잔해진 붉은 꽃. 낙화.

66) 몽몽(濛濛) : 자욱하게 덮인 모양.

干盡日風.
笙歌[67]散盡游人去, 始覺春空. 垂下簾櫳[68]. 雙燕歸來細雨中.

해설

구양수는 영주태수로 재임할 때 자주 서호에 나가서 노닐고 그 아름다움을 묘사한 〈채상자〉 사를 10수 지었다. 이것은 그 가운데 넷째 작품으로 영주서호의 늦봄 풍경을 형상감 있게 그리면서 봄이 감에 따른 잔잔한 아쉬움을 넌지시 깃들여 놓았다.

---

67) 생가(笙歌) : 생황의 연주에 맞추어 부르는 노래. 널리 풍악을 가리킨다.

68) 염롱(簾櫳) : 발과 창문. 발을 가리킨다.

답사행

객사에는 매화가 시들어 가고
시내 위의 다리에는 버들잎이 가는데
풀 향기롭고 바람 따뜻할 제 말고삐를 흔드네.
이별의 슬픔은 멀어질수록 더욱 커져
봄철의 강물처럼 아득하여 끊임없네.

마디마디 끊어진 여린 애간장
그렁그렁 두 눈에 가득한 눈물
높은 누각 난간에 기대서지 말지니
들판이 끝난 곳이 봄을 맞은 산인데
떠난 이는 그 산의 저 너머에 있다네.

踏莎行
候館[69]梅殘, 溪橋柳細. 草薰風暖搖征轡[70]. 離愁漸遠漸無窮, 迢迢[71]不斷如春水.

---

69) 후관(候館) : 객사. 여관.

70) 정비(征轡) : 멀리 가는 나그네의 말고삐.

71) 초초(迢迢) : 멀고 아득한 모양.

寸寸柔腸[72], 盈盈[73]粉淚[74]. 樓高莫近危欄[75]倚. 平蕪[76]盡處是春山, 行人更在春山外.

해설

사랑하는 남녀가 멀리 헤어지는 슬픔을 노래한 것이다. 상단에서는 떠나가는 남자의 입장에서 직접적으로 이별의 슬픔을 토로했고 하단에서는 남아 있는 여자의 입장을 생각하며 그녀에게 슬픔을 자아내는 일을 하지 말라고 당부하는 형식으로 이별의 슬픔을 노래했다.

---

72) 촌촌유장(寸寸柔腸) : 마디마디 끊어진 여린 애간장. 갈기갈기 찢어진 마음.

73) 영영(盈盈) : 가득 찬 모양.

74) 분루(粉淚) : 분이 녹아 있는 눈물. 여인의 눈물을 가리킨다.

75) 위란(危欄) : 높은 누대의 난간.

76) 평무(平蕪) : 잡초가 무성한 평평한 들판.

접련화

깊디깊은 저 정원 얼마나 깊으려나?
안개에 뒤덮인 창문 앞의 버들이
몇 겹인지 알 수 없는 발과 휘장 되었네.
옥굴레와 무늬 안장의 말을 타고 놀러 간 곳
누각이 높건만 장대로가 안 보이네.

비바람이 몰아치고 삼월이 저무는데
황혼 녘에 대문을 닫아 보지만
가는 봄을 붙잡아 둘 도리가 없네.
울먹이며 꽃에게 물어도 꽃은 아무 말이 없고
어지러이 꽃잎만 그네를 스쳐 날아가네.

蝶戀花
庭院深深深幾許[77]. 楊柳堆煙, 簾幕無重數[78]. 玉勒雕

---

77) 기허(幾許) : 얼마인가. 이 구절은 정원이 대단히 깊다는 말이다.

78) 무중수(無重數) : 몇 겹이나 되는지 그 수를 알 수 없다. 이 구절은 버드나무가 안개에 뒤덮여 있어서 마치 발과 장막을 여러 겹으로 쳐 놓은 것 같다는 말이다.

鞍[79]遊冶[80]處. 樓[81]高不見章臺路[82].
雨橫風狂[83]三月[84]暮. 門掩黃昏, 無計[85]留春住. 淚眼問花花不語. 亂紅飛過鞦韆去.

해설

아주 큰 정원이 있는 대저택에 사는 젊은 여인의 한을 노래한 것이다. 날마다 깊숙한 규방에 갇혀서 지내는 여인이 남자가 바깥에서 무슨 짓을 하고 다니는지 알지 못한 채 혼자서 외롭고 답답하게 지내는 심정을 형상감 있게 묘사했다.

---

79) 옥륵조안(玉勒雕鞍) : 옥으로 만든 굴레와 무늬를 새긴 안장. 호화롭게 장식한 말을 가리킨다.

80) 유야(遊冶) : 주색에 빠져 방탕하게 놀다.

81) 누(樓) : 여인이 거처하는 누각을 가리킬 수도 있고, 여인의 집과 장대로 사이에 있는 높은 건물들을 가리킬 수도 있다. 후자의 경우 '누고(樓高)'는 '누각들이 높아서'라는 뜻이 된다.

82) 장대로(章臺路) : 한나라 때 도성 장안[長安, 지금의 산시성(陝西省) 시안(西安)]에 있던 거리. 그곳에 기루(妓樓)가 많았기 때문에 나중에는 환락가의 범칭으로 쓰이게 되었다.

83) 우횡풍광(雨橫風狂) : 비가 마구 뿌리고 바람이 미친 듯이 불다.

84) 삼월(三月) : 음력 1월·2월·3월의 석 달이 봄이므로 음력 3월은 늦은 봄에 해당된다.

85) 무계(無計) : 계책이 없다. 방법이 없다.

접련화

누가 옛날에 외로움을 버렸다고 말하는가
해마다 봄이 오면
슬픔이 옛날처럼 찾아오는데?
날마다 꽃 앞에서 병나도록 술 마시며
거울 속의 홍안이 여위는 것 불사하네.

강가의 푸른 풀과 강둑 위의 버들이여
묻노니 새 근심은
무슨 일로 해마다 해마다 생기는가?
홀로 누대에 오르니 소매 가득 바람 불고
사람들 다 돌아간 뒤 들판 숲에 초승달 뜨네.

蝶戀花
誰道[86]閑情[87]拋棄[88]久. 每到春來, 惆悵還依舊. 日日花前常病酒[89]. 不辭鏡裏朱顏瘦.

---

86) 도(道) : 말하다.

87) 한정(閑情) : 한가한 정. 심심하고 고독한 심정.

88) 포기(拋棄) : 던지다. 버리는 것을 뜻한다.

河畔青蕪[90]堤上柳. 爲問新愁, 何事年年有. 獨上小樓風滿袖. 平林[91]新月人歸後.

해설

봄이 오고 또 가는 사이에 세월이 하염없이 흘러감에 대한 아쉬움을 매우 감상적인 필치로 노래한 사다.

89) 병주(病酒) : 술을 너무 많이 마셔서 병이 나다. 과음하는 것을 가리킨다.

90) 청무(青蕪) : 우거진 푸른 풀.

91) 평림(平林) : 평평한 들판에 있는 숲.

접련화

며칠 동안 뜬구름은 어디로 떠다니나?
집으로 돌아오길 잊어버리고
봄이 저물려는데도 아랑곳하지 않네.
한식 맞은 길에는 온갖 화초 무성한데
임의 수레 뉘 집 나무에 매여 있을까?

눈물에 젖어 누각에서 혼잣말을 해 쌓나니
짝을 지은 제비가 강남에서 돌아올 때
길에서 그 사람을 만나지 않았을까?
버들개지 흩날리듯 봄 근심이 분분하고
꿈속에도 삼삼한데 찾을 곳 없네.

蝶戀花

幾日行雲[92]何處去. 忘了歸來, 不道[93]春將暮. 百草千花寒食[94]路. 香車[95]繫在誰家樹.

---

92) 행운(行雲) : 떠다니는 구름. 여기저기 떠돌아다니는 나그네를 가리킨다.

93) 부도(不道) : 상관하지 않다.

淚眼倚樓頻獨語. 雙燕來時, 陌上相逢否. 撩亂[96]春愁如柳絮. 依依[97]夢裏無尋處.

해설

객지로 나가서 돌아오지 않는 낭군을 몹시 그리워하는 한 여인의 심경을 노래한 것이다.

---

94) 한식(寒食) : 동지로부터 105일째 되는 날로 양력 4월 5일쯤이다. 이날 자손들은 조상의 산소를 찾아가서 성묘를 하고 제사를 지낸다.

95) 향거(香車) : 수레의 미칭, 사랑하는 사람의 수레를 가리킨다.

96) 요란(撩亂) : 어지럽다. 분분하다.

97) 의의(依依) : 그리움에 사무쳐 눈에 선한 모양.

목란화

헤어진 뒤 우리 임은 얼마나 멀리 가 계실까?
눈에 띄는 것 다 처량하고 울적하기만 하다.
갈수록 점점 멀어지고 편지도 점점 없어졌는데
물은 넓고 고기는 가라앉았으니 어디에다 물어볼까?

밤이 깊자 바람 맞은 대가 가을 소리 내는데
만 잎에서 나는 천 마디 소리가 모두 한탄이로다.
일부러 홑베개 베고 꿈속에서 찾으려도
꿈은 또 안 꾸어지고 심지만 또 떨어진다.

木蘭花
別後不知君遠近. 觸目[98]淒涼多少[99]悶. 漸行漸遠漸無書, 水闊魚沈[100]何處問.

---

98) 촉목(觸目) : 눈에 뜨이다.

99) 다소(多少) : 많이. 매우.

100) 어침(魚沈) : 물고기가 물 밑으로 가라앉다. 편지를 전해 줄 사람이 없다는 말이다. 한나라 채옹(蔡邕)의 시 〈음마장성굴행(飮馬長城窟行)〉에 "멀리서 온 손님이, 나에게 잉어를 한 쌍 주었네. 아이를 불러서

夜深風竹敲秋韻[101]. 萬葉千聲皆是恨. 故攲單枕[102]夢中尋, 夢又不成燈又燼[103].

해설

멀리 객지에 나가 소식마저 끊어진 채 오래도록 돌아오지 않는 낭군을 애타게 기다리는 여인의 심경을 노래한 것이다.

잉어를 삶았더니, 배 속에 한 자나 되는 편지가 들어 있네(客從遠方來, 遺我雙鯉魚. 呼童烹鯉魚, 中有尺素書)"라는 구절이 있다.

101) 추운(秋韻) : 가을 소리.

102) 단침(單枕) : 한 사람의 베개.

103) 신(燼) : 등잔불의 심지가 다 타서 재가 되다. 이 구절은 언제나처럼 꿈도 이루지 못한 채 밤이 깊어 간다는 말이다.

유영(柳永)

987?~1053?

숭안(崇安, 지금의 푸젠성 충안) 사람으로 자가 기경(耆卿)이다. 인종 경우(1034~1038) 연간에야 뒤늦게 진사에 급제해 둔전원외랑(屯田員外郎)이라는 하위 관직을 지냈기 때문에 흔히 유 둔전이라고 불렸다. 그의 사는 통속성이 매우 강해서 당시 민간인들 사이에 널리 유행했으니 "우물이 있는 곳이면 어디든지 다 유영의 사를 노래 부를 줄 알았다(井水飮處, 卽能歌柳詞)"[섭몽득(葉夢得), 《피서록화(避暑錄話)》]는 말이 있을 정도였다. 그는 나그네의 시름과 향수, 기녀들의 자태와 심리, 도시인의 생활상 등을 주요 제재로 삼아 민중의 정서를 잘 반영했다. 그의 사는 표현이 평이하고 자연스러우며 음률에 잘 맞는 것이 특징이다. 또 당시까지 문인들이 주로 짓던 소령(小令)에서 벗어나 편폭이 긴 만사(慢詞)를 많이 창작함으로써 사의 형식을 해방했다는 평도 받는다. 사집으로 《악장집(樂章集)》이 있다.

우림령

쓰르라미 처절하게 울어 대는데
장정의 저녁 풍경 대하노라니
소낙비가 막 그쳤다.
성문 밖에서 술 마시니 마음이 어수선해
한창 머뭇거리자니
목란 배의 사공이 빨리 가자 재촉한다.
손을 잡고 눈물 어린 눈을 서로 쳐다보다
마침내 말없이 목이 꽉 멘다.
천 리 되는 안개 낀 물 위를 가고 또 가노라면
저녁놀 자욱한 초 지방 하늘이 드넓으렷다.

다정한 이 예로부터 이별에 상심커늘
게다가 또 쓸쓸한 가을임에랴!
오늘 밤 술이 깨면 어디쯤이리?
버드나무 선 언덕에 바람 불고 달이 지리.
이제 여길 떠나가서 해가 바뀌면
좋은 시절 좋은 경치 아무 쓸모없으리.
천 가지의 그리움이 있다고 한들

더 이상 누구에게 이야기하리?

雨林鈴

寒蟬[104]凄切. 對長亭[105]晩, 驟雨初歇. 都門[106]帳飮[107]無緖[108], 方留戀[109]處, 蘭舟[110]催發. 執手相看淚眼, 竟無語凝噎[111]. 念去去・千里烟波, 暮靄沈沈[112]楚天[113]闊.

多情自古傷離別. 更那堪[114]・冷落淸秋節. 今宵酒醒何處, 楊柳岸・曉風殘月. 此去經年, 應是良辰好景虛設. 便

---

104) 한선(寒蟬) : 날씨가 서늘할 때 나오는 매미. 쓰르라미.

105) 장정(長亭) : 옛날에 여행객들이 쉬어 갈 수 있도록 근길가에 세워 놓은 정자. 10리마다 장정을 하나씩 세우고 5리마다 단정(短亭)을 하나씩 세웠다고 한다. 장정은 그 부근 사람들이 먼 길 떠나는 사람을 전송하는 장소로 많이 사용되었다.

106) 도문(都門) : 도성의 문.

107) 장음(帳飮) : 장막을 치고 술을 마시다.

108) 무서(無緖) : 두서가 없다.

109) 유련(留戀) : 미련이 남아서 머뭇거리다. 아쉬움 때문에 차마 떠나지 못하는 것을 뜻한다.

110) 난주(蘭舟) : 목란으로 만든 배. 배의 미칭이다.

111) 응열(凝噎) : 목이 메다.

112) 침침(沈沈) : 짙고 많은 모양.

113) 초천(楚天) : 초 지방의 하늘. 남방의 하늘을 가리킨다.

114) 나감(那堪) : 게다가. 하물며.

縱[115]有・千種風情[116], 更與何人說.

해설

이별의 슬픔을 노래한 것이다. 먼저 이별하는 장면과 떠나기 싫어하는 자신의 심경을 묘사하고 이어서 도성을 떠나 남방으로 간 뒤 자신에게 밀어닥칠 외로움과 그리움을 상상해 노래했다. 이별의 대상이 누구인지는 분명하지 않지만 그동안 정답게 지내던 여인일 것으로 짐작된다. 이 사는 유영의 대표작일 뿐만 아니라 중국 역대 사 중에서도 대표적인 작품이라 할 만하다. 특히 역대 호방사의 대표작인 소식의 〈염노교(念奴嬌)－적벽회고(赤壁懷古)〉와 대비되는 역대 완약사의 대표작으로 꼽힌다.

---

115) 변종(便縱) : 비록 ～라고 할지라도.

116) 풍정(風情) : 남녀 간의 애정.

야반락

얼어붙은 구름이 음침한 날에
작은 배 하나 타고
기분 내키는 대로 강가를 떠나왔네.
만 개의 골짜기에 바위가 천 개 있는
월 지방의 강물이 깊은 이곳에
성난 파도 잠시 멎고
홀연히 순풍 일고
장사꾼들 불러 대는 소리 또한 들리는데
돛을 높이 올린 채
익조 그린 배가 훨훨 남쪽 포구 지나네.

바라보니 술집 깃발 반짝거리고
연기가 피어나는 옹기종기 모인 마을
서리 맞은 나무가 몇 줄 늘어서 있고
석양 아래 어부는 뱃전 치며 돌아가네.
떨어진 마른 연잎
시든 버들에 가려서 보이다 말다 하는데
강변에는 삼삼오오

빨래하는 여인들이
길손 피해 수줍음 머금고 웃으며 얘기하네.

이제야 생각하니
자수 장식 안방을 가벼이 버리고 떠난 뒤로
물결 따라 떠도는 뿌리 없는 부평초네.
훗날 기약 간절한들 결국 무슨 소용이리?
이별의 한 안고 공연히 세모에 못 돌아감을 한탄하네.
눈물 어린 눈에 서울 가는 길 멀기만 한데
외기러기 소리 멀어지고 먼 하늘에 해 저무네.

夜半樂

凍雲[117]黯淡[118]天氣, 扁舟[119]一葉, 乘興離江渚. 度萬壑千巖, 越溪[120]深處. 怒濤漸息, 樵風[121]乍起. 更聞商旅[122]

---

117) 동운(凍雲) : 얼어붙은 구름. 겨울철의 구름을 가리킨다.

118) 암담(黯淡) : 어둡고 음침하다.

119) 편주(扁舟) : 작고 납작한 배.

120) 월계(越溪) : 월나라 미인 서시(西施)가 비단을 빨던 강. 월[지금의 저장성 사오싱(紹興) 일대] 지방의 강을 두루 가리킨다.

121) 초풍(樵風) : 순풍.

122) 상려(商旅) : 행상.

相呼, 片帆高擧. 泛畫鷁[123]・翩翩[124]過南浦.
望中酒旆[125]閃閃[126], 一簇[127]煙村, 數行霜樹. 殘日下・漁人鳴榔[128]歸去. 敗荷零落, 衰楊掩映[129], 岸邊兩兩三三, 浣紗[130]遊女[131]. 避行客・含羞笑相語.
到此因念, 繡閣[132]輕拋, 浪萍[133]難駐[134]. 歎後約・丁寧[135]竟何據[136]. 慘離懷[137]・空恨歲晚歸期阻[138]. 凝淚

---

123) 화익(畫鷁) : 익조(鷁鳥)라는 물새는 풍파를 잘 견디기 때문에 옛날 뱃사람들은 뱃머리에 이 새를 그려 놓고 안전을 기원했다. 이 일에서 비롯해 '화익'이 나중에는 배의 별명으로 쓰이게 되었다.

124) 편편(翩翩) : 가볍게 날아가는 모양. 훨훨.

125) 주패(酒旆) : 술집을 표시하는 깃발.

126) 섬섬(閃閃) : 반짝반짝 빛나는 모양.

127) 일족(一簇) : 한 무리.

128) 명랑(鳴榔) : 고기를 한곳으로 몰기 위해 나무 막대기로 뱃전을 두드리는 것을 가리킨다.

129) 엄영(掩映) : 가려졌다 보였다 하다.

130) 완사(浣紗) : 비단을 빨다.

131) 유녀(遊女) : 원래 집 밖으로 나가서 노는 여인을 뜻하지만 여기서는 보통의 여인을 가리킨다.

132) 수각(繡閣) : 수를 놓은 것처럼 화려한 여인의 방.

133) 낭평(浪萍) : 물결에 떠다니는 부평초.

134) 난주(難駐) : 한곳에 머물기 어렵다.

135) 정녕(丁寧) : 간절하게 말하는 모양.

眼 · 杳杳神京[139]路. 斷鴻聲遠長天暮.

해설

고향과 도성을 떠나 강남 지방에서 객지 생활을 하는 서러움을 노래한 것이다. 전단과 중단에서는 강남의 풍경과 그곳 사람들의 생활상을 생동감 있게 묘사했고 하단에서는 자신의 객수를 토로했다.

---

136) 하거(何據) : 무슨 근거가 있으랴. 믿을 수 없다는 말이다.

137) 이회(離懷) : 이별의 슬픔.

138) 귀기조(歸期阻) : 돌아갈 기약이 막히다.

139) 신경(神京) : 도성.

팔성감주

쏴아쏴아 저녁 비가 강가의 하늘에 뿌려
맑은 가을을 한바탕 씻는 걸 보노라니
바야흐로 서릿바람 싸늘해지고
산하가 썰렁한데
석양이 누각에 비치어 드네.
곳곳에 붉은 꽃 시들고 푸른 잎 줄어들어
치츰치츰 아름다운 풍경이 끝나 가고
오로지 장강 물만
말없이 동쪽으로 출렁출렁 흘러가네.

차마 높이 올라가서 멀리 보지 못하는 건
아득히 먼 고향을 바라보고 있노라면
귀향심을 거두기가 어렵기 때문이네.
몇 년 간의 내 행적을 탄식하나니
왜 굳이 타향 땅에 오래 머물렀던가?
고운 임은 누각에서
뚫어져라 바라보며
몇 번이나 하늘가에

내 배가 돌아온다 착각했을까?

그리고 어찌 알까

나 또한 난간에 기대어 서서

이렇게 시름에 잠겨 있다는 것을?

八聲甘州

對瀟瀟[140]暮雨灑江天, 一番洗淸秋. 漸[141]霜風凄緊, 關河[142]冷落, 殘照當樓. 是處[143]紅衰翠減, 苒苒[144]物華[145]休. 唯有長江水, 無語東流.

不忍登高臨遠, 望故鄕渺邈[146], 歸思難收. 嘆年來蹤迹, 何事苦淹留[147]. 想佳人 · 妝樓[148]顒望[149], 誤幾回 · 天際識歸舟. 爭[150]知我 · 倚欄干處, 正恁[151]凝愁.

---

140) 소소(蕭蕭) : 비바람이 치는 소리.

141) 점(漸) : 때마침. 한창.

142) 관하(關河) : 관문 부근의 산하.

143) 시처(是處) : 도처.

144) 염염(冉冉) : 점점. 점차.

145) 물화(物華) : 경물의 아름다움.

146) 묘막(渺邈) : 멀다. 아득하다.

147) 엄류(淹留) : 오래 머물다.

148) 장루(妝樓) : 화장하는 누각. 여인의 거처를 가리킨다.

149) 옹망(顒望) : 뚫어지게 바라보다. 응시하다.

해설

타향에서 나그네 생활을 하는 자신의 참기 힘든 향수와 고향에서 애타게 자신을 기다리고 있을 임에 대한 그리움을 노래한 것이다.

---

150) 쟁(爭) : 어찌. '즘(怎)'과 같다.

151) 임(恁) : 이와 같이.

왕안석(王安石)

1021～1086.

임천(臨川, 지금의 장시성 린촨) 사람으로,

자가 개보(介甫)이고 호가 반산(半山)이며 형국공(荊國公)에

봉해졌기 때문에

왕형공이라고도 불렀다. 인종 때 부국강병을 위한

신법(新法)을 강행했지만 성공하지 못하고 구법파와의 사이에

극심한 갈등을 야기했다. 만년에는 관직에서 물러나 금릉[金陵,

지금의 장쑤성 난징(南京)]에 은거했다. 당송팔대가의 한

사람으로 꼽힐 정도로 문장에 뛰어났고 시도 잘 지었지만 사는

별로 짓지 않았다.

그의 사는 감개가 깊고 의경(意境)이 심원해

만당오대(晩唐五代)의 감상적 작풍에서 벗어난 독특한 작풍을

이룬 것이 특징이다.

계지향
—금릉에서의 옛날 생각

높은 곳에 올라가 먼 곳을 바라보니
때마침 옛 도읍에 늦가을이 찾아와
날씨가 막 서늘하고 상쾌해졌다.
천 리의 맑은 강은 흰 비단 같고
푸른 산봉우리는 화살촉 같다.
오고 가는 배들은 석양 속에 떠 있고
서풍을 등지고 술집 깃발이 비스듬히 솟아 있다.
채색 배는 엷은 구름 위로 떠가고
은하수엔 백로가 날아오르니
그림으로 그리기도 참 어렵겠다.

생각해 보면 그 옛날에 호화를 다퉜는데
성문 밖과 누대 위의 일로 인하여
슬픔과 한 이어진 게 한탄스럽다.
천고의 세월 뒤에 높은 곳에 올라와
이걸 보며 부질없이 영욕에 탄식한다.
육조 시대 옛일은 강물처럼 흘러갔고

찬 안개 속 시든 풀만 시퍼렇게 서 있다.
오늘날에 이르도록 장사하는 여인들은
아직도 때때로 〈옥수후정화〉
그 옛날의 노래를 부르고 있다.

桂枝香－金陵[152]懷古

登臨送目[153]. 正故國[154]晚秋, 天氣初肅. 千里澄江似練, 翠峰如簇. 歸帆去棹斜陽裏, 背西風・酒旗[155]斜矗[156]. 彩舟[157]雲淡, 星河[158]鷺起, 畫圖難足.

念往昔・繁華競逐. 歎門外樓頭[159], 悲恨相續. 千古憑高,

---

152) 금릉(金陵) : 지금의 장쑤성 난징. 이른바 육조라고 하는 오(吳)・동진(東晋)・송(宋)・제(齊)・양(梁)・진(陳) 등 여섯 왕조가 이곳을 도성으로 삼았다.

153) 송목(送目) : 눈길을 보내다. 멀리 바라보다.

154) 고국(故國) : 옛날의 국도. 금릉을 가리킨다.

155) 주기(酒旗) : 술집임을 표시하는 깃발.

156) 사촉(斜矗) : 비스듬하게 우뚝 솟아 있다.

157) 채주(彩舟) : 채색한 배. 이 구절은 엷은 구름이 비쳐 있는 강 위에 채색 배가 떠가는 모습을 묘사한 것이다.

158) 성하(星河) : 은하수. 기다랗게 뻗어 있는 장강이 마치 은하수와 같다는 말이다.

159) 문외누두(門外樓頭) : 성문 밖과 누대 위. 두목(杜牧)의 〈대성곡(臺城曲)〉에 "성문 밖엔 한금호, 누각 위엔 장려화(門外韓擒虎, 樓頭張

對此漫[160]嗟榮辱. 六朝舊事如流水, 但寒煙衰草凝綠[161]. 至今商女[162], 時時猶唱, 後庭[163]遺曲[164].

麗華)"라는 구절이 있다. 남조 진나라 정명 3년(589)에 후주(後主) 진숙보(陳叔寶)가 총애하는 왕비 장려화(張麗華)를 데리고 그녀의 거처인 결기각(結綺閣)에서 음주가무를 즐기고 있을 때 수나라 장군 한금호가 주작문(朱雀門)으로 쳐들어왔다. 후주는 경황이 없어서 누각 밑에 있는 연지정(臙脂井)이라는 우물로 뛰어들었다. 이로써 진나라가 망하고 남조도 막을 내렸다.

160) 만(漫) : 공연히. 부질없이.

161) 응록(凝綠) : 초록빛이 엉겨 있다. 이 구절은 대자연이 옛날과 다름없다는 말이다.

162) 상녀(商女) : 술을 파는 여인. 가기(歌妓). 두목의 〈진회하에 배를 대니(泊秦淮)〉에 "술 파는 여인은 망국의 한을 모르고, 강 건너서 아직도 〈후정화〉를 부른다(商女不知亡國恨, 隔江猶唱後庭花)"라는 구절이 있다.

163) 후정(後庭) : 〈옥수후정화(玉樹後庭花)〉. 진나라 후주가 지은 노래. 이 노래에 "옥 같은 나무에 핀 뒤뜰의 저 꽃, 비록 꽃은 피었지만 오래가지 못하리라(玉樹後庭花, 花開不復久)"라는 구절이 있기 때문에 당시 사람들이 망국의 조짐이라고 했다. 나중에는 망국의 노래를 가리키게 되었다.

164) 유곡(遺曲) : 옛날 사람이 남겨 놓은 노래.

해설

금릉에 머물고 있던 어느 가을날 높은 곳에 올라가서 육조의 도성이었던 금릉을 굽어보면서 무상하기 짝이 없는 흥망성쇠에 대한 감개를 노래한 것이다. 옛날 일에 대한 회고와 이를 통한 당시 일에 대한 풍자가 잘 나타나 있고 서경과 서정이 잘 어우러져 있어 역대 평론가들의 호평을 받았다. 예컨대, 양식(楊湜)의 《고금사화(古今詞話)》에 "금릉에서 옛날 일을 생각하는 것은 〈계지향〉 곡조에 실은 사람이 많아 모두 30여 명이나 되는데 그 가운데 유독 왕개보(왕안석)의 사가 가장 절창이다. 소동파가 이것을 보고 자신도 모르게 감탄해 말하기를 '이 노인네는 다름 아닌 들여우의 정령이로다'라고 했다(金陵懷古, 諸公寄調〈桂枝香〉者, 凡三十餘家, 獨介甫最爲絶唱. 東坡見之, 不覺歎息曰 : '此老乃野狐精也')"라는 말이 있다.

안기도(晏幾道)

1030?~1106?

임천[臨川, 지금의 장시성 푸저우(撫州)] 사람으로
자가 숙원(叔原)이고 호가 소산(小山)이다.
안수(晏殊)의 일곱째 아들이었기 때문에 '소안(小晏)'이라고 불렀다. 그는 재상의 아들이라는 귀공자로 태어났지만 일생 동안 관운이 좋지 않아 미관말직을 지냈을 뿐이기 때문에 만년에는 곤궁하게 살았다. 그는 몰락한 귀족으로서 세상을 업신여기는 성격과 여성과의 사랑에 몰입하는 다정다감한 성격을 동시에 지니고 있어서, 그의 사는 감상적인 정서와 연애 감정이 주된 정조를 이루었으며, 부귀한 기상과 쓸쓸한 정경이 혼재하는 양상을 띠었다.
사집으로 《소산사(小山詞)》가 있다.

임강선

꿈에서 깨어나니 높은 누대 잠겼는데
술은 깨고 발과 휘장은 나직이 드리웠다.
작년 봄의 그 한이 다시금 밀려올 때
떨어지는 꽃을 보며 나 혼자 서 있자니
가랑비 속에 제비가 짝지어 난다.

기억난다 소빈을 처음 봤을 때
'심(心)' 자를 겹쳐 놓은 비단옷 입고
비파 현에 맡겨서 그리움을 말했었지.
그때 그 밝은 달이 아직 있구나
돌아가는 꽃구름을 비춰 주던 그 달이.

臨江仙
夢後樓臺高鎖, 酒醒簾幕低垂. 去年春恨[165]却[166]來時. 落花人獨立, 微雨燕雙飛.
記得[167]小蘋[168]初見, 兩重心字羅衣[169]. 琵琶弦上說相

---

165) 춘한(春恨) : 봄철에 생기는 한.

166) 각(却) : 다시.

思. 當時明月在, 曾照彩雲170)歸.

해설

이별한 어느 기녀를 추억하며 그녀에 대한 그리움을 노래한 것이다.

---

167) 기득(記得) : 기억하다.

168) 소빈(小蘋) : 당시 자기 친구 집에 있던 기녀의 이름.

169) 양중심자나의(兩重心字羅衣) : '마음'을 뜻하는 '심(心)' 자 두 개가 겹쳐진 모양의 무늬를 수놓은 비단옷.

170) 채운(彩雲) : 꽃구름. 여러 가지 빛깔을 띤 아름다운 구름. 여기서는 소빈을 가리킨다.

자고천

색동 소매가 은근히 술 권하던 때
취한 얼굴이 붉어지는 것 아랑곳하지 않았지.
버드나무 속 누각 위의 달이 다 지도록 춤추었고
도화선 밑의 바람이 다 자도록 노래했지.

헤어진 뒤로
우리 서로 만나던 일 추억하면서
몇 번이나 꿈속에서 그대와 함께했던가?
오늘 밤 실컷 은등잔 들고 비춰 보나니
오히려 다시 만난 것이 꿈속일까 두렵다.

鷓鴣天

彩袖[171]殷勤[172]捧玉鍾[173]． 當年拚却[174]醉顔紅． 舞低楊

---

171) 채수(彩袖) : 색동옷의 소매.

172) 은근(殷勤) : 은근하다. 정이 깊고 간절하다. '은근(慇懃)'과 같다.

173) 봉옥종(捧玉鍾) : 옥술잔을 받들다. 술을 권한다는 말이다.

174) 반각(拚却) : 아랑곳하지 않다. 조금도 돌아보지 않다. '각(却)'은 동사 뒤에 쓰여서 동작의 완성을 표시하는 조사다.

柳樓心月[175], 歌盡桃花扇[176]底風.
從別後, 憶相逢. 幾回夢魂與君同. 今宵剩把銀釭照, 猶恐相逢是夢中.

해설

옛날에 자주 만나 즐겁게 지냈던 한 기녀를 다시 만난 감회를 노래한 것이다. 이렇게 만난 것이 꿈일까 두렵다는 마지막 구절의 표현이 재회의 기쁨을 실감 나게 잘 표현했다.

---

175) 양류누심월(楊柳樓心月) : 버드나무 속에 있는 누각 위의 달. 이 구절은 달이 질 때까지 춤을 추었다는 말이다.

176) 도화선(桃花扇) : 복숭아꽃을 그려 놓은 부채. 기녀들이 가무를 공연할 때 사용하던 물건이다. 이 구절은 기녀들이 지쳐서 더 이상 부를 수 없을 때까지 노래를 불렀다는 말이다.

소식(蘇軾)

1036～1101.

미산(眉山, 지금의 쓰촨성 메이산) 사람으로 자가 화중(和仲) 또는 자첨(子瞻)이고 호가 동파거사(東坡居士)다. 그는 아버지 소순(蘇洵, 1009～1066) 및 동생 소철(蘇轍, 1039～1112)과 더불어 당송팔대가(唐宋八大家)로 꼽힐 만큼 뛰어난 문장가였을 뿐만 아니라, 황정견(黃庭堅, 1045～1105)과 더불어 '소황(蘇黃)'으로 병칭될 만큼 송대 시단의 영수이기도 했고, 사(詞)에서도 호방사풍(豪放詞風)의 개척자요 대표자라는 위상을 지니고 있으며, 서예에서도 북송사대가로 꼽히는 등, 각종 문예 분야에서 두루 중추적인 역할을 한 희대의 천재 예술가였다.

그러나 정치적으로는 불의를 용납하지 못하고 바른말을 너무 잘한 관계로 정적들의 미움을 받아, 중간에 잠깐잠깐 중서사인(中書舍人)・한림학사지제고(翰林學士知制誥)・한림학사승지(翰林學士承旨)・병부상서(兵部尙書)・예부상서(禮部尙書) 등의 중앙 관직을 지내기도 했지만, 일생의 대부분을 지방관으로 전전했으며 황주[黃州, 지금의 후베이성 황강시(黃岡市) 황저우구(黃州區)]・혜주(惠州, 지금의 광둥성

후이저우)·담주[儋州, 지금의 하이난성 단저우시 중허진(中和鎭)] 등지에서 폄적 생활을 한 기간만 해도 10년이 넘는다. 이처럼 불우한 정치 생애를 지닌 그의 사는 음률에 얽매이지 않고 자신의 감정을 거리낌 없이 토로해 남송 호방파의 앞길을 열었다.

그러나 현전하는 그의 사 가운데 호방한 풍격을 지닌 작품은 별로 많지 않고 오히려 청려광달(淸麗曠達)한 작품이 주류를 이룬다.

사집으로 《동파선생장단구(東坡先生長短句)》·《동파악부(東坡樂府)》·《동파사(東坡詞)》 등이 있다.

수조가두

—병진년 중추절에 새벽까지 흔쾌하게 마시고 크게 취해 이것을 짓고 아울러 자유를 그린다

명월이 하늘에 떠 있는 것 그 얼마인지
술잔 잡고 저 푸른 하늘에 물어본다.
천상의 궁궐은 오늘 이 밤이
어느 해쯤 되었는지 잘 모르겠다.
바람을 잡아타고 돌아가고 싶건만
한편으론 구슬로 지은 멋진 그 집이
너무 높아 추위를 못 이길까 두렵다.
일어나서 춤추며 그림자를 희롱하니
이게 어찌 속세에 사는 것과 같겠나?

달은 붉은 누각을 살며시 돌아
비단 문에 내려와
잠 못 드는 사람을 비추어 준다.
달은 한을 품고 있을 턱이 없는데
어째서 늘 헤어져 있을 때 둥글어지나?
사람은 슬프다가 기쁘고 헤어졌다가 만나는 것

달은 찼다가 기울고 흐려졌다가 개는 것
이 일은 예로부터 늘 좋을 수 없었으니
다만 하나 바라는 건 우리 오래 살아서
천 리 밖에서나마 고운 달 함께 보는 것.

水調歌頭－丙辰[177]中秋，歡飲達旦[178]，大醉，作此篇，兼懷子由[179]
明月幾時有[180]，把酒問靑天. 不知天上宮闕，今夕是何年. 我欲乘風歸去[181]. 又恐瓊樓玉宇[182]. 高處不勝寒. 起舞弄淸影，何似在人間[183].

---

177) 병진(丙辰) : 희령 9년(1076)을 가리킨다.

178) 달단(達旦) : 새벽까지 줄곧.

179) 자유(子由) : 동생 소철의 자(字). 당시 그는 제주장서기(齊州掌書記)로서 제남(濟南)에 있었다.

180) 명월기시유(明月幾時有) : 두 가지 해석이 가능하다. 금방 죽어 없어지는 사람과 달리 달은 하나의 자연물로서 영구적으로 존재한다는 해석과, 달은 금방 찼다 이지러졌다 하므로 명월의 상태가 오래가지 못한다는 해석이 그것이다.

181) 귀거(歸去) : 이 구절은 자신이 원래 천상의 궁궐, 즉 달나라에 살던 사람이라는 뜻으로 자신을 신선시한 셈이다.

182) 경루옥우(瓊樓玉宇) : 월궁에 있는 화려한 전각을 가리킨다.

183) 인간(人間) : 사람이 사는 사회. 이 세상. 속세. 이 구절도 '하(何)'를 '어찌'로 보느냐 '무엇'으로 보느냐에 따라서 두 가지 해석이 가능하다.

轉朱閣, 低綺戶, 照無眠[184]. 不應有恨, 何事長向別時圓. 人有悲歡離合. 月有陰晴圓缺. 此事古難全. 但願人長久, 千里共嬋娟[185].

해설

희령 9년(1076) 중추절 날 혼자 술을 마시며 동생을 그린 것이다. 소식은 동생 소철과 우애가 대단히 깊었거니와 이때 밀주지주로 부임해 간 것도 동생이 제주장서기로서 밀주에서 가까운 제남에 있다는 이유로 자청했던 것이다. 그러나 막상 부임하고 보니 가깝다고 해서 함께 명절을 쇨 수 있는 것은 아니었다. 그리하여 그는 이 사로써 동생에 대한 그리움을 토로함과 동시에 스스로를 위로했다. 이 사의 '천상의 궁궐(天上宮闕)'은 표면적으로는 선계를 뜻하는 것 같지만 비유적으로는 황궁을 뜻하는 것으로 볼 수도 있는바, 실제로 신종(神宗)이 이 사를 읽고 소식의 애군정신(愛君精神)에 감동했다는 기록이 있다.

---

184) 무면(無眠) : 동생에 대한 그리움으로 잠을 이루지 못하는 자기 자신을 가리킨다.

185) 선연(嬋娟) : 아름다운 것, 즉 달을 가리킨다.

염노교

—적벽에서의 옛날 생각

장강은 도도하게 동으로 흘러가며
그 물결이 깡그리
천고의 풍운아들을 쓸어 갔도다.
옛날 보루 서쪽은
사람들이 말하길 삼국 주랑의 적벽이란다.
삐죽한 바윗돌은 구름을 흩뜨리고
깜짝 놀란 파도는 언덕에서 부서져
천 무더기 눈 더미를 말아 올린다.
그림 같은 이 강산에
한때에 호걸들이 얼마나 많았을까?

아득히 떠오르는 주공근의 그때 모습
아리따운 소교가 막 시집오고
웅장한 자태에서 영기를 뿜었겠지.
손에는 깃부채 들고 머리엔 관건 쓰고
담소하는 사이에 강인한 적은 불에 타서 사라졌겠지.
옛날 나라로 내 마음은 달려가나니

정이 많아 흰머리가 일찍 났다고
틀림없이 나를 보고 웃어 대겠지.
이 세상은 꿈같은 것
강 속의 달에게 술이나 따르는 게 낫겠지.

念奴嬌－赤壁186)懷古

大江187)東去, 浪淘盡, 千古風流人物188). 故壘西邊, 人道是189)·三國周郎190)赤壁. 亂石崩雲, 驚濤裂岸, 捲起千堆

---

186) 적벽(赤壁) : 지금의 중국 후베이성에는 삼국적벽(三國赤壁)과 동파적벽(東坡赤壁)이라는 두 개의 유명한 적벽이 있다. 후베이성 츠비시(赤壁市)에 있는 삼국적벽은 삼국시대에 오촉 연합군이 위나라 군사를 격파한 적벽대전의 현장으로서 화공으로 인해 장강(長江) 가에 있는 절벽이 벌겋게 달아 있었기 때문에 적벽이라고 하며, 후베이성 황강시(黃岡市) 황저우구(黃州區)에 있는 동파적벽은 절벽의 바위가 붉은 색이기 때문에 적벽이라고 한다.

187) 대강(大江) : 장강.

188) 풍류인물(風流人物) : 주유(周瑜)·제갈량(諸葛亮)·조조(曹操) 등의 영웅호걸들을 가리킨다.

189) 인도시(人道是) : 사람들이 ~라고 말하다. 공식적으로는 츠비시에 있는 것이 적벽대전의 현장이고 황저우에 있는 것은 적벽대전의 현장이 아닌 것으로 알려져 있어서 중국의 각종 지도에 각각 '삼국적벽'과 '동파적벽'으로 표기되어 있지만 황저우 사람들은 지금도 황저우의 적벽이 적벽대전의 현장이라고 주장하고 있다. 이러한 논쟁은 송나라 때에도 이미 있었던 듯 소식의 《동파지림(東坡志林)·적벽동혈(赤壁洞

雪. 江山如畫, 一時多少豪傑.

遙想公瑾[191]當年, 小喬[192]初嫁了, 雄姿英發. 羽扇[193]綸巾[194], 談笑間・强虜灰飛煙滅[195]. 故國[196]神遊[197], 多

穴)》에 "황주지주의 거처에서 수백 보 떨어진 곳이 적벽으로 어떤 사람은 주유가 조조를 격파한 곳이라고 하는데 과연 그런지 어떤지는 모르겠다(黃州守居之數百步爲赤壁, 或言卽周瑜破曹公處, 不知果是否)"라고 했고, 그의 〈범자풍에게 보내는 편지(與范子豊書)〉에 "황주에서 조금 서쪽으로 가면 산기슭이 장강 안으로 쑥 들어가고 석실이 단사처럼 붉은 곳이 있는데 전하는 말에 따르면 조조가 패배한 곳, 즉 이른바 적벽이라고 하고 또 어떤 사람은 아니라고도 합니다(黃州少西, 山麓斗入江中, 石室如丹. 傳云曹公敗所, 所謂赤壁者, 或曰非也)"라고 했다. 그가 이 사에서 '사람들이 말하길 ~라고 한다(人道是)'라고 한 것도 그곳이 적벽대전의 현장이라고 확신하지 않았기 때문일 것으로 보인다.

190) 주랑(周郎) : 삼국시대의 오나라 장수 주유를 가리킨다. 《삼국지・주유전》에 "이해는 건안 3년(198)이었는데 손책이 친히 주유를 맞이해 건위중랑장을 제수하고 즉시 병사 2000명과 기마 50필을 주었다. 주유는 당시 스물네 살이었기 때문에 오중에서는 다들 주랑이라고 불렀다(是歲建安三年也, 策親自迎瑜, 授建威中郎將, 卽與兵二千人・騎五十匹. 瑜時年二十四, 吳中皆呼爲周郎)"라고 했다.

191) 공근(公瑾) : 주유의 자(字).

192) 소교(小喬) : 주유의 부인. '소교(小橋)'라고도 쓴다. 《삼국지・주유전》에 "당시 교공의 두 딸을 얻었는데 둘 다 전국에서 으뜸가는 미인이라 손책이 스스로 대교를 아내로 맞이하고 주유는 소교를 아내로 맞이했다(時得橋公兩女, 皆國色也. 策自納大橋, 瑜納小橋)"라고 했다.

193) 우선(羽扇) : 새의 깃털을 여러 개 엮어서 만든 부채.

情[198]應笑我, 早生華髮. 人間如夢, 一尊還酹[199]江月.

해설

원풍 5년(1082) 7월 황주에 있는 적벽에서 삼국시대에 있었던 적벽대전을 생각하면서 지은 것이다. '사람들이 말

---

194) 관건(綸巾) : 청색 실로 짠 두건. 제갈량이 군중에서 즐겨 썼기 때문에 제갈건이라고도 했다.

195) 회비연멸(灰飛煙滅) : 재로 날아가고 연기로 사라지다.

196) 고국(故國) : 삼국시대를 가리킬 수도 있고 소식의 고향을 가리킬 수도 있다.

197) 신유(神遊) : 마음이 달려가다.

198) 다정(多情) : 세속적인 인정이 많다, 즉 세속적인 일에 필요 이상으로 신경을 많이 쓴다는 뜻이다. 이백(李白)은 〈달 아래서 홀로 술 마시며(月下獨酌)〉에서 "정이 없는 교유를 영원히 맺어, 머나먼 은하에서 다시 만나자(永結無情遊, 相期邈雲漢)"라고 했거니와 소식의 이 '다정(多情)'은 이백의 '무정(無情)'과 상반되는 말이다. 이 구절은 '응소아다정(應笑我多情)'이 도치된 형태다.

199) 뇌(酹) : 옛날에는 제사를 지내고 난 뒤 술과 음식을 나눠 먹기 전에 반드시 땅이나 하천에 술을 뿌리며 복을 빌었는바, 여기서 유래해 나중에는 평상시에도 먼저 술을 조금 뿌리고 나서 마시기 시작하는 풍습이 생겼다. 이 구절은 먼저 강 속의 달에게 한 잔 따라 주어 고수레를 한 뒤 술이나 마시겠다는 현실도피적 사고를 드러낸 것이다.

하길 ~라고 한다(人道是)'라는 말이 암시하는 바와 같이 소식은 황주에 있는 적벽이 적벽대전의 현장이라고 확신하지 않았는데 그러면서도 이 사에서 적벽대전의 역사적 사실을 노래한 것은 외적을 무찔러 나라를 위해 헌신하고 싶은데도 불구하고 오히려 하릴없이 폄적 생활이나 하고 있는 자신의 신세가 한탄스러웠기 때문일 것이다. 그렇기 때문에 하단 앞부분에서 주유가 조조의 군사를 무찌른 통쾌한 일을 생각하다가 뒷부분에서는 다시 의기소침해져 버리고 말았을 것이다.

복산자
-황주의 정혜원에 우거하며

성긴 오동나무에 조각달이 걸리고
물시계에 물 끊어져 인적도 잠잠한 밤
왔다 갔다 홀로 거니는 내 모습을 누가 보나?
가물가물 먼 곳의 외기러기로구나.

깜짝 놀라 일어나 고개 돌려도
속에 한이 맺혔건만 알아주는 이 없구나.
싸늘한 가지 다 골라 보고도 깃들이려 하지 않고
적막한 모래섬만 썰렁하구나.

卜算子-黃州[200]定慧院[201]寓居作
缺月掛疏桐, 漏斷[202]人初靜. 誰見幽人[203]獨往來, 縹

---

200) 황주(黃州) : 지금의 후베이성 황강시(黃岡市) 황저우구(黃州區).

201) 정혜원(定慧院) : 황주에 있던 절. 소식이 처음 황주에 도착해 임시로 거처하던 곳이다.

202) 누단(漏斷) : 물시계의 물이 없어진다는 뜻으로 새벽이 다가오거나 밤이 깊음을 가리킨다.

緲[204]孤鴻影.
驚起却回頭, 有恨無人省. 揀盡寒枝不肯棲, 寂寞沙洲冷.

해설

소식은 황주에 막 도착한 원풍 3년(1080) 2월 초부터 동생이 가족을 데려다 준 그해 5월 말까지 약 4개월 동안 정혜원이라는 작은 절에서 지냈다. 이 사는 황주에 도착한 지 얼마 안 된 어느 날 밤에 잠을 이룰 수 없어서 정혜원의 뜰을 산책하다가 이 가지 저 가지로 옮겨 다니면서 퍼덕거리는 기러기를 보고 지은 것으로 자신의 신세를 기러기에 빗댄 영물사다.

---

203) 유인(幽人) : 시골에 묻혀 고독하게 사는 사람. 은자. 소식 자신을 가리킨다.

204) 표묘(縹緲) : 아득히 멀어서 잘 안 보이는 모양.

임강선
—밤에 임고정으로 돌아가

동파에서 밤에 술을 마셔 깰 만하면 또 취하다가
돌아오니 아마도 삼경은 된 듯한데
아이는 벌써 우레같이 코를 골며 자고 있다.
대문을 두드려도 도통 대꾸가 없는지라
지팡이에 기대어 강물 소리 듣는다.

이 몸이 내 것 아님을 항상 한탄하거니와
안달복달하는 생활 언제 벗어나려나?
밤 깊어 바람 자니 비단 무늬 잠잠하다.
작은 배를 잡아타고 이곳을 떠나
강해에다 여생을 맡겨 보련다.

臨江仙—夜歸臨皐205)
夜飮東坡206)醒復醉, 歸來髣髴207)三更. 家童208)鼻息已雷

---

205) 임고(臨皐) : 임고정(臨皐亭). 황주에 유배되어 있을 때 소식 일기가 거주하던 집.

206) 동파(東坡) : 소식이 황주성 동쪽에 있는 황무지를 개간해 만든

嗚. 敲門都不應, 依杖聽江聲.
長恨此身非我有[209], 何時忘却營營[210]. 夜闌風靜縠紋[211]平. 小舟從此逝, 江海寄餘生.

해설

이 사는 원풍 6년(1083) 4월 황주에서 지은 것으로 보인

농장.

207) 방불(髣髴) : 마치 ~인 것 같다.

208) 가동(家童) : 심부름하는 아이.

209) 차신비아유(此身非我有) : 《장자(莊子) · 지북유(知北遊)》에 "순임금이 승에게 '도는 터득해 몸에 지니고 있을 수 있는 것이오?' 하고 묻자 '임금님의 몸이 임금님의 소유가 아닌데 임금님께서 어떻게 도를 지니고 있을 수 있겠습니까?'라고 대답했다. 순임금이 다시 '내 몸이 나의 소유가 아니라면 누가 그것을 소유하오?' 하고 묻자 '천지가 형체를 부여한 것입니다'라고 대답했다(舜問乎丞曰 : '道可得而有乎?' 曰 : '汝身非汝有也, 汝何得有夫道?' 舜曰 : '吾身非吾有也, 孰有之哉?' 曰 : '是天地之委形也')"라는 순임금과 승의 대화가 있다. 이 구절은 정치적 부침과 그로 인한 관직의 이동에 따라 자신의 의지와 무관하게 여기저기로 떠돌아다녀야 하는 자신의 신세를 한탄한 것이다.

210) 영영(營營) : 마음이 조급하고 불안한 모양. 쉬지 않고 애쓰는 모양.

211) 곡문(縠紋) : 주름진 비단의 무늬. 잔잔한 무늬를 이룬 물결을 가리킨다.

다. 자신이 손수 개간한 농장 동파에 지어 놓은 설당(雪堂)에서 술을 마시다가 밤 늦게 가족이 있는 임고정으로 돌아가 자신의 신세를 돌아보면서 귀은(歸隱)의 의지를 노래했다.

정풍파

―3월 7일 사호로 가는 도중에 비를 만났는데 우비를 가진 사람이 앞서간지라 함께 간 사람들이 모두 낭패감을 느꼈으나 나만 유독 느끼지 못했다. 얼마 안 있어서 마침내 날이 개었기에 이 사를 짓는다

숲을 뚫고 잎 때리는 빗소리를 듣지 마라.
웅얼웅얼 읊조리며 천천히 걸은들 어떠랴!
대지팡이에 짚신이 말 탄 것보다 경쾌한데
무엇을 두려워하랴?
도롱이 쓰고 이슬비에 한평생을 맡기리라.

서늘한 봄바람이 술기운을 날려 보내
몸이 약간 선득한데
산꼭대기 석양이 나를 맞는다.
여태껏 서늘했던 곳을 되돌아보니
돌아갔도다.
비바람만 있지도 않고 갠 날만 있지도 않도다.

定風波－三月七日, 沙湖[212]道中遇雨. 雨具先去, 同行皆狼狽[213], 余獨不覺. 已而[214]遂晴. 故作此詞

莫聽穿林打葉聲. 何妨吟嘯且徐行. 竹杖芒鞋輕勝馬. 誰怕. 一蓑煙雨任平生[215].

料峭[216]春風吹酒醒. 微冷. 山頭斜照却[217]相迎. 回首向來蕭瑟[218]處. 歸去[219]. 也無風雨也無晴.

해설

원풍 5년(1082) 3월 7일 황주 교외의 사호(沙湖)라는 곳에 농도를 좀 사 두기 위해 땅을 보러 가는 도중 갑자기 소나

---

212) 사호(沙湖) : 소식의 《동파지림(東坡志林) · 사호에 노닐고(遊沙湖)》에 "황주에서 동남쪽으로 30리 되는 곳에 사호라고도 하고 나사점이라고도 하는 곳이 있는데 내가 거기에 농토를 좀 사 두려고 땅을 보러 갔다가 병에 걸렸다(黃州東南三十里, 爲沙湖, 亦曰螺師店, 予買田其間, 因往相田, 得疾)"라고 했다.

213) 낭패(狼狽) : 심한 곤경에 빠지다.

214) 이이(已而) : 이윽고. 오래지 않아.

215) 임평생(任平生) : 한평생을 맡기다. 평생토록 산다는 뜻이다.

216) 요초(料峭) : 서늘하다.

217) 각(却) : 마침내. 결국.

218) 소슬(蕭瑟) : 서늘하다. 처량하다.

219) 귀거(歸去) : 비가 흔적 없이 사라졌다는 뜻이다.

기가 내리다가 금방 그친 것을 계기로 인생에 항상 나쁜 일만 있지도 않고 항상 좋은 일만 있지도 않다는 자신의 초연한 인생관을 노래한 것이다.

강성자
―을묘년 정월 스무날 밤의 꿈

이승과 저승으로 멀어진 지 십 년 세월
생각하지 않으려 해도
워낙 잊기 어렵지만
외로운 무덤이 천 리 밖이라 처량함을 말할 데 없었다오.
비록 서로 만난대도 알아보지 못할 게요
얼굴에 먼지가 가득히 앉고
살쩍이 서리처럼 하야니까요.

밤들어 꿈속에서 문득 찾은 고향 집
작은 방의 창가에서
그대는 마침 머리 빗고 화장하고 있다가
나를 보곤 말없이 천 줄기 눈물만 흘렸다오.
해마다 애간장을 끊은 곳을 알겠나니
달이 밝은 밤
키 작은 소나무가 있는 곳이었다오.

江城子－乙卯[220]正月二十日夜記夢

十年生死[221]兩茫茫[222]. 不思量. 自難忘. 千里孤墳 · 無處話凄凉. 縱使相逢應不識, 塵滿面, 鬢如霜.

夜來幽夢忽還鄕. 小軒窗. 正梳妝. 相顧無言 · 惟有淚千行. 料得[223]年年斷腸處, 明月夜, 短松岡.

해설

희령 8년(1075) 1월 20일 밀주[密州, 지금의 산둥성 주청(諸城)]에서 10년 전에 죽은 본처 왕불을 꿈에 보고 그녀에 대한 절절한 그리움을 숨김없이 과감하게 드러내 보인 도망사(悼亡詞)다. 시에서는 죽은 아내를 애도하는 도망시가 진(晋)나라 반악(潘岳, 247~300) 이래로 줄곧 유지되어 온 전통이지만 사에서는 그 전례를 찾을 수 없었는데 소식이 처음으로 길을 열었다.

---

220) 을묘(乙卯) : 희령 8년(1075)을 가리킨다.

221) 생사(生死) : 살아 있는 자신과 이미 죽은 부인을 가리킨다. 소식의 첫 번째 부인 왕불(王弗, 1039~1065)은 10년 전인 치평 2년(1065) 5월 28일에 죽어 고향에 묻혀 있었다.

222) 망망(茫茫) : 아득히 멀리 떨어져 있는 모양.

223) 요득(料得) : 짐작하다.

진관(秦觀)

1049~1100.

고우(高郵, 지금의 장쑤성 가오요우) 사람으로,

자는 소유(少游) 또는 태허(太虛)이고 호는

회해거사(淮海居士)다. 소식(蘇軾)의 대표적 문하생인

소문사학사(蘇門四學士)의 한 사람으로

비서성정자(秘書省正字) · 국사원편수관(國史院編修官) 등을

역임했으나, 신법당이 집권한 후에는 침주(郴州, 지금의

후난성 천저우) · 뇌주(雷州, 지금의 광둥성 레이저우) 등지로

유배되었다. 신법을 추진하던 철종(哲宗)이 죽고 구법파를

지지하는 휘종(徽宗)이 즉위한 후 사면령을 받아 유배지에서

돌아오는 도중에 등주(藤州, 지금의 광시좡족자치구 텅현)에서

죽었다. 그의 사는 이성에 대한 연애 감정과 개인의 비애를

노래한 것이 주조를 이루는데 표현이 부드럽고 청려해서

대표적인 완약파(婉約派) 사인으로 꼽힌다.

사집으로 《회해거사장단구(淮海居士長短句)》가 있다.

만정방

산에는 엷은 구름 발라 놓았고
하늘은 시든 풀과 붙어 있는데
망루의 화각 소리 이미 끊겼다.
떠나가는 배를 잠시 멈춰 세우고
아쉬운 대로 함께 이별의 잔을 든다.
봉래각의 옛날 일이 얼마나 많았던가?
부질없이 돌아보니 안개와 놀 가득한데
지는 해 저 너머로
겨울철 까마귀가 만 개의 점을 찍고
흐르는 강물이 외로운 마을을 감돈다.

넋이 다 나간 채로
먼 길 떠날 이때에
향주머니 슬쩍 풀고
비단 띠 살며시 끌러 주나니
공연히 청루에서
박정하단 명성만 얻게 됐구나.
이번에 떠나면 언제나 다시 볼까?

옷깃과 소매에 부질없이 눈물 자국 생기는구나.
속이 잔뜩 상한 채
높다란 성에서 아득히 바라보니
이미 날이 어두워져 등불이 걸렸구나.

滿庭芳

山抹微雲, 天黏衰草, 畫角[224]聲斷譙門[225]. 暫停征棹[226], 聊共引離尊. 多少蓬萊[227]舊事, 空回首・煙靄紛紛[228]. 斜陽

---

224) 화각(畫角) : 옛날 관악기의 일종. 소뿔처럼 생겼는데 표면에 그림이 그려져 있다. 옛날에 군대에서 아침・저녁의 시간을 알리거나 병사들의 사기를 진작하기 위해 불었다. 이 구절은 날이 저물었다는 말이다.

225) 초문(譙門) : 망루(望樓)가 설치되어 있는 성문. 아래에는 사람이 다닐 수 있도록 문을 설치하고 위에는 적정(敵情)을 살필 수 있도록 누대를 지어 놓은 성의 망루를 가리킨다.

226) 정도(征棹) : 떠나가는 배의 노. 그 배를 가리킨다.

227) 봉래(蓬萊) : 봉래각. 진관이 회계[會稽, 지금의 저장성 사오싱(紹興)]에 있을 때 묵었던 누각. 호자(胡仔)의 《초계어은총화(苕溪漁隱叢話)》 후집 권33에 "《예원자황》에 '정공벽이 회계태수로 재임할 때 진관이 그의 손님이 된지라 그를 봉래각에 머물게 했다. 하루는 술자리에 좋아하는 사람이 있는지라 이때부터 눈에 삼삼해 감정을 주체할 수 없으므로 장난구(사)를 지었다. …그 사는 소동파의 극찬을 받았는데 소동파는 그 첫 구절을 따서 그를 산말미운군이라고 불렀다'라고 했다 (《藝苑雌黃》云 : '程公闢守會稽, 少遊客焉, 館之蓬萊閣. 一日席上有所

外, 寒鴉[229]萬點, 流水遶孤村.
銷魂. 當此際, 香囊[230]暗解, 羅帶[231]輕分. 謾[232]贏得[233]青樓[234], 薄倖[235]名存. 此去何時見也, 襟袖上 · 空惹啼痕. 傷情處, 高城望斷[236], 燈火已黃昏.

悅, 自爾, 眷眷不能忘情, 因賦長短句. …其詞極爲東坡所稱道, 取其首句, 呼之爲山抹微雲君')"라는 일화가 소개되어 있다.

228) 분분(紛紛) : 매우 많은 모양.

229) 한아(寒鴉) : 겨울철의 까마귀.

230) 향낭(香囊) : 향을 담은 주머니. 옛날에는 남자도 향낭을 차는 풍속이 있었다.

231) 나대(羅帶) : 비단 띠. 옛날 사람들은 비단 띠를 떠나는 사람에게 주는 정표로 삼곤 했는데 비단 띠에 동심결(同心結 : 동심원 모양의 매듭)을 지어 줌으로써 영원히 변심하지 않기를 바라는 마음을 표현하기도 했다.

232) 만(謾) : 공연히. 부질없이.

233) 영득(贏得) : 남다. 얻다.

234) 청루(青樓) : 기녀들의 거처를 가리킨다.

235) 박행(薄倖) : 박정하다. 두목(杜牧)의 〈술회(遣懷)〉에 "십 년 만에 양주의 꿈에서 한 번 깨어나 보니, 청루에서 박정하단 이름만 얻게 됐네(十年一覺揚州夢, 贏得青樓薄倖名)"라는 구절이 있다.

236) 망단(望斷) : 보이지 않을 때까지 한껏 멀리 바라보다.

해설

회계태수 정공벽의 식객으로 회계에 머물다가 그곳을 떠나게 되었을 때 거기서 알게 된 한 여인과의 이별을 아쉬워한 것이다. 진관의 고향인 장쑤성 가오요우(高郵)에 문유대(文游臺)라는 유명한 누대가 있는데 이 누대 처마에 '산말미운(山抹微雲)'이라는 현판이 걸려 있어 이 사의 위상을 말해 준다.

답사행

안개 짙어 누대가 형체를 잃고
달빛 흐려 나루터로 가는 길을 잃었는데
무릉도원은 바라봐도 찾을 길 없다.
객사의 봄추위를 어찌 견딜까?
두견새 소리 속에 해가 저문다.

역을 통해 매화를 부쳐 보내고
물고기의 배에 넣어 긴 편지를 보냈건만
이 한은 몇 겹인지 모를 만큼 쌓였다.
침강은 본래 침산을 맴돌았거늘
뭣 때문에 소상으로 흘러가는가?

踏莎行

霧失樓臺，月迷津渡．桃源[237]望斷[238]無尋處．可堪[239]孤

---

237) 도원(桃源) : 도화원(桃花源). 무릉도원(武陵桃源). 도연명의 〈도화원기(桃花源記)〉에 묘사되어 있는 선경(仙境)이다. 진(晉)나라 때 무릉 지방의 한 어부가 고기를 찾아 배를 타고 계곡을 거슬러 올라가다가 동굴을 하나 발견하고 안으로 들어가 보니 그곳에 진(秦)나라 때의 난

館閉春寒, 杜鵑[240]聲裏斜陽暮.
驛寄梅花[241], 魚傳尺素[242]. 砌成此恨無重數. 郴江[243]幸自[244]繞郴山, 爲誰流下瀟湘[245]去.

리를 피해 동굴 속으로 들어왔다는 사람들이 평화롭게 사는 선경이 있었다고 한다.

238) 망단(望斷) : 보이지 않을 때까지 한껏 멀리 바라보다.

239) 가감(可堪) : 어찌 견디겠는가. '가(可)'는 '기(豈)'와 같다.

240) 두견(杜鵑) : 두견이. 두견이는 '불여귀(不如歸)' 하고 운다는 속설이 있는바, 이는 '돌아가는 것만 못하다'는 뜻이니 두견이 울음소리는 나그네의 향수를 자아내는 요인이 될 것이다.

241) 역기매화(驛寄梅花) : 역에서 매화를 부치다. 친구가 선물과 위로의 편지를 보내 주었다는 말이다. 남조 시대 송(宋)나라 사람 육개(陸凱)는 강남에 있을 때 장안[長安, 지금의 산시성(陝西省) 시안(西安)]에 있는 친한 친구 범엽(范曄)에게 매화와 함께 "매화 가지 꺾어서 우체부 만나, 농두 지방 사람에게 부쳐 보내오. 강남 땅엔 이것밖에 아무것도 없어서, 그저 봄빛 한 가지를 주는 거라오(折梅逢驛使, 寄與隴頭人. 江南無所有, 聊贈一枝春)"라는 시를 지어 보냈다. 성홍지(盛弘之), 《형주기(荊州記)》 참조.

242) 어전척소(魚傳尺素) : 물고기 배 속에 넣어서 한 자 길이의 하얀 비단에 쓴 편지를 전하다. 친구가 편지를 보내왔다는 말이다. 구양수의 〈목란화〉 주 100) 참조.

243) 침강(郴江) : 침주 서남쪽에서 발원해 동북쪽으로 흘러서 뇌수(耒水)와 합류하고 다시 북쪽으로 흘러서 상강과 합류하는 강.

244) 행자(幸自) : 본래.

해설

침주에 유배 중이던 소성 4년(1097) 봄에 유배 생활의 고통과 비애를 노래한 것이다. 특히 자신이 고향을 떠나 관직에 발을 들여놓은 일을 후회한 마지막 두 구절이 역대 비평가들의 호평을 받는 명구로 널리 인구에 회자한다.

---

245) 소상(瀟湘) : 소수와 상강. 호남성 남부에서 북쪽으로 흘러 동정호(洞庭湖)로 들어가는 강. 두 강은 호남성 영주(永州)에서 합류하는데 두 강을 합쳐서 소상강이라 한다.

완랑귀

추위가 막 풀린 상강 하늘에 비바람 쳐
깊디깊은 정원이 텅 비었는데
아름다운 망루에서 〈소선우〉 다 불고 나니
기나긴 맑은 밤이 다 지나갔다.

귀향의 꿈 깨어나니
나그네 마음 외로운데
세월이 후딱 지나 또 한 해가 저문다.
형양에는 그래도 기러기 있어 편지를 전하는데
침양에는 편지 전할 기러기조차 없네.

阮郎歸

湘天[246]風雨破寒[247]初． 深沈[248]庭院虛． 麗譙[249]吹罷小

---

246) 상천(湘天) : 호남성 상강(湘江) 일대의 하늘. 당시 진관은 상강 남쪽의 침주(郴州, 지금의 후난성 천저우)에서 유배 생활을 하고 있었다.

247) 파한(破寒) : 한기를 몰아내다. 천저우는 위도가 북위 26도 이하인 아열대 지방이라 설 무렵이 되면 날씨가 따뜻하다.

248) 심침(深沈) : 지극히 깊다.

單于[250]. 迢迢[251]淸夜徂.
鄕夢斷, 旅魂孤. 崢嶸[252]歲又除[253]. 衡陽[254]猶有雁[255]傳書. 郴陽[256]和[257]雁無.

해설

침주에서 유배 생활을 할 때 세모를 맞이한 쓸쓸한 심정을 노래한 것이다.

---

249) 초(譙) : 성문 위에 세운 망루(望樓).

250) 소선우(小單于) : 곡조 이름.

251) 초초(迢迢) : 아득히 먼 모양.

252) 쟁영(崢嶸) : 세월이 빨리 지나가는 모양.

253) 제(除) : 한 해가 저물다.

254) 형양(衡陽) : 지금의 후난성 형양. 이곳에 형산 72봉 가운데 가장 남쪽 봉우리인 회안봉(回雁峰)이 있는데 겨울에 따뜻한 곳을 찾아 남하하던 기러기가 여기까지만 가고 더 남쪽으로는 가지 않기 때문에 이런 이름이 생겼다고 한다.

255) 안(雁) : 편지를 전해 주는 존재를 가리킨다.

256) 침양(郴陽) : 지금의 후난성 천저우. 형양보다 남쪽에 있다.

257) 화(和) : ~조차.

이지의(李之儀)

1048~1117.

무체(無棣, 지금의 산둥성 우디) 사람으로,

자가 단숙(端叔)이고 호가 고계거사(姑溪居士)다.

소식(蘇軾)이 정주지주(定州知州)로 있을 때

그의 막료로 있었으며 나중에

추밀원편수관(樞密院編修官)·제거하동상평(提擧河東常平)

등의 관직을 역임했다. 그의 사는 소령(小令)을 위주로

완약사가 주조를 이루는데 시어가 참신해

신선한 느낌을 준다.

사집으로《고계사(姑溪詞)》가 있다.

복산자

이 몸은 장강의 머리에 살고
그대는 장강의 꼬리에 사네.
날마다 임 그려도 임을 보지 못하네
다 함께 장강 물을 마시건마는.

이 강물은 언제나 멈춰 서려나?
이내 한은 언제나 끝이 나려나?
다만 하나 바라는 건 그대 맘도 내 맘 같아
서로를 그리는 맘 정녕 아니 저버리길.

卜算子
我住長江頭, 君住長江尾[258]. 日日思君不見君, 共飮長江水.
此水幾時休[259], 此恨何時已. 只願君心似我心, 定[260]不負相思意.

---

258) 강미(江尾) : 강의 하류.

259) 휴(休) : 멈추다. 끝나다.

260) 정(定) : 꼭. 반드시.

해설

멀리 헤어져 있는 정인들의 한과 그리움을 노래한 것으로, 평이하고 자연스러운 시어와 민가풍의 투박한 감정 표현이 돋보인다.

주방언(周邦彦)

1056~1121.

전당[錢塘, 지금의 저장성 항저우(杭州)] 사람으로,

자가 미성(美成)이고 호가 청진거사(淸眞居士)다.

그는 음악 관장 기구인 대성부(大晟府)의 제거(提擧)에 임명될

정도로 음악에 정통했기 때문에

그의 사는 음률이 잘 맞을 뿐만 아니라 당송(唐宋) 시인들의

유명한 시구와 각종 전고를 적절히 잘 원용하여 남다른

함축미를 지니고 있다. 그 결과 그는 송사의 집대성자라는

높은 평가를 받기도 하고 청대 상주사파(常州詞派)의 본보기가

되기도 했다.

사집으로 《편옥집(片玉集)》이 있다.

난릉왕
―버들

버드나무 그림자는 곧게 쭉 뻗어 있고
안개 낀 실가지는 푸른빛을 자랑한다.
수제 위에서
몇 번이나 보았던가
수면 스치고 버들개지 날리며 길손 떠나보내는 걸?
높이 올라 고향을 바라보나니
그 누가 알아보리
지친 서울 나그네를?
장정이 있는 길엔
해가 가고 오는 사이
버들가지 꺾은 것이 천 자도 넘으리라.

한가로이 옛날의 그 자리를 찾아와
또다시 술잔 들고 슬픈 연주 듣노라니
등불은 이별하는 술자리를 비추고
배꽃과 느릅나무 불은 한식 분위기를 돋운다.
슬프게도 쏜살처럼 바람은 빨리 불고

상앗대 반쯤 잠긴 물결은 따뜻한데
돌아보면 아득히 벌써 여러 역을 지나와
다른 사람 바라보면 하늘 북쪽에 있으리라.

가슴이 쓰라리고
한이 쌓인다.
이별의 포구에는 물결이 빙빙 돌고
나루터의 돈대에는 적막이 감도는데
석양은 뉘엿뉘엿 봄빛은 끝이 없다.
생각난다 달빛 비친 정자에서 손잡고
이슬 내린 다리에서 피리 소리 듣던 일이.
지난 일을 곰곰이 생각해 보니
마치 꿈만 같아서
어느새 눈물이 방울방울 떨어진다.

蘭陵王－柳

柳陰直. 煙裏絲絲弄碧[261]. 隋隄[262]上, 曾見幾番, 拂水飄

---

261) 농벽(弄碧) : 푸른 기운을 자랑하다. 실버들의 새파란 가지들이 바람에 하늘거리는 것을 가리킨다.

262) 수제(隋隄) : 수나라 양제(煬帝)가 건설한 운하의 둑. 여기서는 북송의 도성인 변경[汴京, 지금의 허난성 카이펑(開封)] 일대에 있는 변하

緜行色[263]. 登臨望故國[264]. 誰識. 京華倦客[265]. 長亭[266]路, 年去歲來[267], 應折柔條[268]過千尺.
閑尋舊蹤迹[269]. 又酒趁哀絃, 燈照離席. 梨花楡火[270]催寒食[271]. 愁[272]一箭風快, 半篙波暖, 回頭迢遞[273]便[274]數

(汴河)의 둑을 가리킨다.

263) 행색(行色) : 길 떠나는 사람의 모습. 길 떠나는 사람을 가리킨다.

264) 고국(故國) : 고향.

265) 경화권객(京華倦客) : 서울의 지친 나그네. 고향을 떠나 오랫동안 도성에 머무는 지친 나그네라는 뜻으로 사인 자신을 가리킨다.

266) 장정(長亭) : 옛날에 여행객들이 쉬어 갈 수 있도록 큰길가에 세워 놓은 정자. 10리마다 하나씩 세웠는데 그 부근 사람들이 먼 길 떠나는 사람을 전송하는 장소로 많이 사용되었다.

267) 연거세래(年去歲來) : 한 해가 가고 다른 한 해가 오다. 세월이 많이 흐른다는 말이다.

268) 유조(柔條) : 부드러운 가지. 옛날 중국인들은 길 떠나는 사람에게 버들가지를 꺾어 주는 풍속이 있었다. 버드나무를 뜻하는 글자인 '유(柳)'가 붙잡는다는 뜻의 '유(留)'와 발음이 유사한 점을 이용해 석별의 정을 표시한 것이다. 이 구절은 수없이 많은 이별이 있었다는 말이다.

269) 구종적(舊蹤迹) : 옛날 발자국. 옛날에 이별한 적이 있는 곳을 가리킨다.

270) 유화(楡火) : 한식을 맞아 불을 껐다가 한식이 지난 뒤에 느릅나무를 마찰시켜서 다시 일으킨 불을 가리킨다.

271) 최한식(催寒食) : 한식 분위기를 돋우다. 이 구절은 한식이 막 지난 시점임을 일깨워 준다는 말이다.

驛[275]. 望人在天北[276].

悽惻. 恨堆積. 漸[277]別浦縈回[278], 津堠[279]岑寂. 斜陽冉冉[280]春無極. 念月榭[281]攜手, 露橋聞笛. 沈思前事, 似夢裏, 淚暗滴.

해설

이것은 상단 · 중단 · 하단의 3단으로 이루어진 보기 드문 삼첩(三疊)짜리 사로 도성인 변경에 있을 때 버드나무를

---

272) 수(愁) : 근심하다. 슬퍼하다.

273) 초체(迢遞) : 아득히 먼 모양.

274) 변(便) : 이미. 벌써.

275) 수역(數驛) : 수역(水驛)을 여러 개 지나 멀리 갔다는 뜻으로 떠나는 사람에게 일어날 일을 상상한 것이다.

276) 망인재천북(望人在天北) : 방금 작별한 사람을 바라보면 북쪽으로 아득히 멀리 떨어진 곳에 있다는 말이다.

277) 점(漸) : 때마침. 한창.

278) 영회(縈回) : 맴돌다. 빙빙 돌다. 배가 떠나가면서 소용돌이를 일으켰다는 말이다.

279) 진후(津堠) : 나루터의 돈대(墩臺). 나루터에 있는 약간 높직한 평지.

280) 염염(冉冉) : 천천히 움직이는 모양.

281) 월사(月榭) : 달빛이 비치는 정자.

소재로 삼아 석별의 정을 노래한 것이다. 이 사는 고향을 떠나 객지 생활을 하고 있는 자신이 오히려 다른 사람을 전송하는 상황, 즉 이른바 '객중송객(客中送客)'의 심정을 읊었다는 점이 이색적이다. 또 중단 후반부에 떠나가는 사람이 전송하는 사람을 생각하는 장면을 삽입한 것 역시 다른 작품에서는 보기 힘든 독특한 구성이라고 할 수 있다.

육추
—장미가 지고 난 뒤

한창 홑옷을 입고 술을 시음해 보며
객지에서 세월만 보내는 걸 한탄한다.
봄이 잠깐 머물러 주기를 바랐건만
봄이 돌아가는 것이 지나가는 새와 같아
한 번 떠나가더니 흔적도 없다.
묻노니 고운 꽃은 어디에 있나?
밤사이에 비바람이
초나라 궁중의 미인을 묻어 버려
비녀 떨어진 곳에 향기만 남았나니
복숭아나무 늘어선 길에 어지러이 점을 찍고
버드나무 늘어선 길에 팔랑팔랑 나부낀다.
그 누가 정이 많아 애석해하나?
중매쟁이 꿀벌과 심부름꾼 나비만이
때때로 한 번씩 창살을 두들긴다.

적막에 싸여 있는 동쪽 정원은
한창 잎이 무성해 녹음 짙은데

조용하게 진귀한 덤불 밑을 맴돌다
나 혼자 한숨 쉬며 한탄하누나.
긴 가지가 고의로 행인을 당기는 게
옷을 끌며 얘기하길 바라는 것만 같아
헤어지는 아쉬움이 그지없구나.
조그만 남은 꽃을 애써 두건에 꽂아 보지만
아무래도 싱싱한 것 한 송이가 비녀 끝에서
한들거리며 사람에게로 기우는 것만 못하구나.
물 위에 떠다니다 조수를 따라가지 마라
꽃잎에 아직 남은 '그립다'란 글자를
무슨 수로 볼 수 있을지 걱정이구나.

六醜－薔薇謝後作

正單衣試酒, 恨客裏·光陰虛擲. 願春暫留, 春歸如過翼[282]. 一去無迹. 爲問花何在, 夜來風雨, 葬楚宮傾國[283].

---

282) 과익(過翼) : 눈앞을 지나가는 새의 날개. 이 구절은 두보(杜甫)의 시 〈농우로 돌아가는 채희로 도위를 전송하고 고삼십오 서기에게 부친다(送蔡希魯都尉還隴右, 因寄高三十五書記)〉의 "몸이 날래기는 새 한 마리 지나가는 듯하고, 창 솜씨가 날래기는 만인이 환호하네(身輕一鳥過, 槍急萬人呼)"라는 표현을 차용한 것이다.

283) 초궁경국(楚宮傾國) : 초나라 궁중의 경국지색(傾國之色). 《한비자(韓非子)·이병(二柄)》에 "초나라 영왕이 허리 가는 여인을 좋아해 나

釵鈿墮處遺香澤. 亂點桃蹊, 輕翻柳陌. 多情爲誰追惜[284]. 但蜂媒蝶使[285], 時叩窓槅[286].

東園岑寂[287]. 漸蒙籠[288]暗碧. 靜繞珍叢[289]底, 成歎息. 長條故惹行客. 似牽衣待話, 別情[290]無極. 殘英小·强簪巾幘[291]. 終不似·一朵釵頭顫裊[292], 向人攲側[293]. 漂流處[294]·莫趁潮汐[295]. 恐斷紅[296]·尙有相思字[297], 何

라 안에 굶는 사람이 많았다(楚靈王好細腰, 而國中多餓人)"라는 말이 있다. 여기서는 장미꽃을 날씬한 여인에 비유한 것이다.

284) 추석(追惜) : 지나간 일을 추억하며 애석해하다.

285) 봉매접사(蜂媒蝶使) : 꽃과 꽃 사이를 왔다 갔다 하는 벌과 나비를 중매쟁이와 심부름꾼에 비유한 것이다.

286) 창격(窓槅) : 창살. '창격(窓格)'과 같다.

287) 잠적(岑寂) : 적막하다.

288) 몽롱(蒙籠) : 초목이 무성하다.

289) 진총(珍叢) : 장미 덤불을 가리킨다.

290) 별정(別情) : 장미꽃과 작별하는 심정을 가리킨다.

291) 건책(巾幘) : 두건.

292) 전뇨(顫裊) : 한들한들 흔들리다.

293) 기측(攲側) : 기울어지다.

294) 표류처(漂流處) : 물에 떠서 흘러갈 때.

295) 조석(潮汐) : 해와 달의 인력에 의해 일정한 시간을 두고 주기적으로 들어왔다 나갔다 하는 바닷물. 조수.

296) 단홍(斷紅) : 떨어진 꽃잎.

由[298]見得[299].

해설

봄이 저물어 감에 따라 장미꽃이 시들어 떨어지는 것을 보고 안타까운 심정을 노래한 지극히 감상적인 사다.

---

297) 상사자(相思字) : '相思(그립다는 뜻)'라는 글자. 당나라 시인 고황(顧況)이 친구들과 함께 궁중의 동산에 놀러 갔다가 도랑에 큰 오동잎이 하나 떠내려 오는 것을 보았는데 그 위에 "깊디깊은 궁중으로 한 번 들어온 뒤로, 해마다 해마다 봄을 보지 못하여, 아쉬운 대로 한 조각 나뭇잎에 시를 써서, 정 많은 사람에게 부쳐 보낸다(一入深宮裏, 年年不見春. 聊題一片葉, 寄與有情人)"라고 쓰여 있었다고 한다. 맹계(孟棨), 《본사시(本事詩)·정감제일(情感第一)》 참조. 이 구절은 이 고사를 원용한 것이다.

298) 하유(何由) : 무슨 방도.

299) 견득(見得) : 볼 수 있다.

접련화

달이 밝아 놀라 깬 까마귀는 잠 못 들고
물시계의 물은 다 떨어져 갈 때
우물물 긷는 소리 도르륵 도르륵 들렸네.
불러 깨우자 두 눈동자 초롱초롱 빛나고
눈물 꽃이 떨어져 베갯속 솜이 차가웠네.

손잡으니 서릿바람이 귀밑털을 날리는데
떠나가는 아쉬움에 서성댔나니
작별 인사 슬퍼서 들어 내기 어려웠네.
누각 위에 비스듬히 북두칠성 기울 제
이슬 속에 멀어져 가니 여기저기 닭이 우네.

蝶戀花
月皎驚烏棲不定. 更漏將闌[300), 轣轆[301)牽金井[302). 喚起

---

300) 경루장란(更漏將闌) : 물시계의 물이 다 떨어져 가다. 밤이 다 지나고 새벽이 되려고 한다는 뜻이다. '경루(更漏)'는 밤 시간을 재는 데 사용하는 물시계다.

301) 역록(轣轆) : 수레바퀴나 도르래가 돌아가는 소리.

兩眸淸炯炯[303]. 淚花[304]落枕紅綿[305]冷.
執手霜風吹鬢影[306]. 去意徊徨[307], 別語[308]愁難聽. 樓上闌干[309]橫斗柄[310]. 露寒人遠雞相應[311].

302) 금정(金井) : 난간을 아름답게 장식한 우물. 우물의 미칭이다.

303) 형형(炯炯) : 밝게 빛나는 모양. 이 구절은 여인이 밤새도록 잠을 이루지 못했다는 말이다.

304) 누화(淚花) : 눈물을 꽃에 비유한 것이다.

305) 홍면(紅綿) : 붉은색 꽃이 피는 목면. 여기서는 베갯속으로 사용한 솜을 가리킨다.

306) 빈영(鬢影) : 살쩍. 귀밑털. 머리카락을 가리킨다. '영(影)'은 명사 뒤에 붙어서 모호한 형상을 표시하는 접미사다.

307) 회황(徊徨) : 배회하고 방황하다.

308) 별어(別語) : 남아 있는 여인이 떠나가는 남자에게 하는 작별 인사를 가리킨다.

309) 난간(闌干) : 기울어진 모양.

310) 두병(斗柄) : 북두칠성 중의 자루 부분에 해당하는 다섯째 · 여섯째 · 일곱째 별. 이 구절은 새벽이 되어 북두칠성이 기울어졌다는 말이다.

311) 계상응(雞相應) : 한 마리가 울면 그것에 호응하듯 다른 닭이 뒤따라 우는 것을 가리킨다. 닭들이 가까운 곳에서 서로 호응하며 함께 지내는 것이 매우 부러웠음을 암시한다.

해설

이른 새벽에 먼 길을 떠나는 남자의 입장에서 사랑하는 여인과 작별하는 아쉬운 심경을 노래한 것이다. 집에서 웬만큼 멀어져 간 뒤에 조금 전의 이별 장면을 떠올리면서 지은 것으로 보인다.

하주(賀鑄)

1052～1125.

위주[衛州, 지금의 허난성 지현(汲縣)] 사람으로,

자가 방회(方回)이고 호가 경호유로(慶湖遺老)다.

무관으로 관직 생활을 하다가 40세 때에야 비로소 문관이 되어

사주(泗州) · 태평주(太平州) 등지의 통판(通判)을 역임하고

만년에는 은퇴해 소주(蘇州)에서 살았다. 문무를 겸비한

사람이었던 만큼 그의 사는 풍격이 대체로 완약한 편이었지만

웅장하고 호방한 작품도 좀 있었다.

사집으로 《동산우성악부(東山寓聲樂府)》가 있다.

청옥안

사뿐사뿐 걸어오다 횡당 길을 안 넘으니
두 눈으로 먼지가 사라져 가는 것이나 전송하네.
꽃다운 젊은 시절 누구와 함께 보내려나?
달빛 훤한 다리에 꽃이 활짝 핀 정원
사슬 무늬 창문에 붉은 대문 달린 집
봄만이 그녀가 사는 곳을 알리라.

푸른 구름 느릿하고 향초 언덕 어둑할 제
오색 붓으로 애끊는 시를 새로 짓는다.
부질없는 근심은 모두 얼마나 될까?
냇가에 가득한 안개 속의 풀만큼 많고
바람에 날려 성을 뒤덮은 버들개지만큼 많고
매실 익을 무렵의 비만큼 많으리라.

青玉案

凌波[312]不過横塘[313]路. 但目送[314]・芳塵[315]去. 錦瑟[316]華

---

312) 능파(凌波) : 물결 위를 걸어가다. 걸음걸이가 경쾌하고 단아함을 비유한다. 조식(曹植)의 〈낙신부(洛神賦)〉에 "물결을 밟고 가듯 잰걸

年[317]誰與度. 月橋花院, 瑣窗[318]朱戶. 只有春知處.
碧雲冉冉[319]蘅皐[320]暮.　彩筆[321]新題斷腸句.　試問閒愁[322]都幾許. 一川煙草, 滿城風絮. 梅子黃時雨[323].

음을 걸으면, 얇은 비단 버선에서 먼지가 났네(凌波微步, 羅襪生塵)"라는 말이 있다.

313) 횡당(橫塘) : 소주(蘇州) 서남쪽에 있는 마을. 당시 하주가 은거하던 곳이다.

314) 목송(目送) : 눈으로 전송하다. 멀어져 가는 모습을 바라본다는 말이다.

315) 방진(芳塵) : 미인이 걸어갈 때 나는 먼지를 가리킨다.

316) 금슬(錦瑟) : 아름다운 무늬비단 모양을 그려서 장식한 슬.

317) 화년(華年) : 꽃다운 시절. 한창 좋은 젊은 시절을 가리킨다. 이상은(李商隱)의 〈비단 슬(錦瑟)〉에 "비단 슬은 무단히 오십 줄이나 되어, 한 줄 한 줄 탈 때마다 꽃다운 시절 생각난다(錦瑟無端五十絃, 一絃一柱思華年)"라는 구절이 있는데, 여기서 비롯되어 '금슬화년(錦瑟華年)'은 아름다운 청춘을 가리킨다.

318) 쇄창(瑣窗) : 사슬무늬를 아로새긴 창.

319) 염염(冉冉) : 천천히 움직이는 모양.

320) 형고(蘅皐) : 향초(香草)가 돋아난 물가의 언덕.

321) 채필(彩筆) : 오색 붓. 시가 잘 써지는 붓을 뜻한다. 남조 때의 시인 강엄(江淹)이 꿈에 오색 붓을 얻어 그것으로 시를 쓰자 멋진 구절이 많이 나왔는데 나중에 그것을 곽박(郭璞)에게 주는 꿈을 꾼 뒤로는 시가 잘 안 써졌다고 한다. 《남사 · 강엄전》 참조.

322) 한수(閒愁) : 뚜렷한 이유도 없이 생기는 부질없는 근심.

해설

남송 시인 육유(陸游)의 《노학암필기(老學庵筆記)》 권8에 "하방회는 용모가 기이하고 추했으며 안색은 거무튀튀했지만 뛰어난 기상이 있었기 때문에 세상 사람들이 하귀두라고 불렀다(賀方回, 狀貌奇醜, 色青黑, 而有英氣, 俗謂之賀鬼頭)"라는 말이 있을 정도로 하주는 용모가 아주 못생겨서 미인들의 환심을 사지 못했다고 한다. 이 사는 여의치 않은 애정사를 비관하는 형식으로 자신의 여의치 않은 인생 역정을 한탄한 것이다. 특히 근심의 크기를 형상감 있게 표현한 마지막 네 구절이 인구에 회자된다.

---

323) 매자황시우(梅子黃時雨) : 중국의 강남 지방에서 매실이 노랗게 익을 무렵에 여러 달 계속해서 내리는 장맛비. 흔히 '매우(梅雨)'라고 한다.

악비(岳飛)

1103~1142.
탕음(湯陰, 지금의 허난성 탕인) 사람으로
자가 붕거(鵬擧)다. 농민 출신으로 여러 차례 금(金)나라와의
항전에 참가해 공을 많이 세웠다. 남송 고종 때
도통제(都統制)·청원군절도사(淸遠軍節度使) 등의 무관을
역임하며 금나라의 침략을 물리쳤으나 나중에 진회(秦檜) 등
주화파(主和派)의 저지로 인해 조정으로 소환되어
추밀부사(樞密副使)가 되었다. 그 뒤 얼마 안 되어서 주화파의
모함으로 억울하게 사형에 처해졌다. 남송 효종 때
무목(武穆)이라는 시호가 추증되고 영종 때 악왕(鄂王)에
추봉(追封)되었다.
사는 겨우 3수가 전해 올 뿐이지만 모두 금나라에 중원 땅을
빼앗긴 비분강개한 심정을 토로한 애국사다.

만강홍

성난 머리카락이 갓을 찌른 채
난간에 기대서니 우수수 내리던 비가 멎는다.
고개 들어 멀리 보며 하늘을 향해 휘파람 부니
장렬한 감회가 용솟음친다.
삼십 년 쌓은 공명 티끌에 불과한데
팔천 리 원정길에 구름과 달을 짝했도다.
멍청하게도 까만 머리를 희게 해 놓고
부질없이 슬픔에 빠지지 말지어다.

정강 시절 국치를
아직도 설욕하지 못하였으니
이 신하의 원한이
언제나 없어지랴?
기다란 전차 몰아
하란산의 어귀를 짓밟아 버리리라.
장렬한 마음 배고프면 오랑캐의 살을 먹고
담소하다 목마르면 흉노의 피를 마시리라.
빠짐없이 완전히 옛 산하를 수복하면

대궐로 가 임금님을 찾아뵈리라.

滿江紅

怒髮衝冠, 憑欄處[324]·瀟瀟[325]雨歇. 擡望眼[326]·仰天長嘯, 壯懷激烈. 三十功名[327]塵與土, 八千里路雲和月[328]. 莫等閑[329]·白了少年頭[330], 空悲切.

靖康恥[331], 猶未雪. 臣子恨, 何時滅. 駕長車[332]踏破, 賀蘭山[333]缺[334]. 壯志飢餐胡虜肉, 笑談渴飲匈奴[335]血. 待

---

324) 처(處) : 때.

325) 소소(瀟瀟) : 비바람이 세차게 치는 소리.

326) 망안(望眼) : 멀리 바라보는 눈.

327) 삼십공명(三十功名) : 자신이 평생 동안 이룬 공명을 가리킨다. 당시 악비는 서른 살이 조금 넘은 나이였다.

328) 운화월(雲和月) : 비가 올 때나 어두운 밤에도 전투를 치렀다는 말이다.

329) 등한(等閑) : 등한히. 아무렇게나.

330) 소년두(少年頭) : 젊은 시절의 머리카락. 이 구절은 젊은 시절을 생각 없이 아무렇게나 보내고 한 일도 없이 백발을 맞는다는 뜻이다.

331) 정강치(靖康恥) : 북송 흠종 정강 2년(1127)에 금나라 군사가 쳐내려와서 각종 보물을 약탈해 감은 물론 휘종·흠종·태자·공주·비빈 등 황실 인사 3000여 명까지 끌고 간 이른바 정강지변(靖康之變)을 가리킨다.

332) 장거(長車) : 전차(戰車)를 가리킨다.

從頭[336] · 收拾舊山河, 朝天闕[337].

해설

누구보다 애국심이 강해 민족적 영웅으로 추앙받는 악비가 조국의 절반을 금나라에 빼앗긴 비분강개한 심정을 토로한 사다. 중국인의 항적 의지를 드날린 작품이기 때문에 거칠고 투박한 표현이 많음에도 불구하고 오늘날까지 널리 중국인들의 사랑을 받고 있는 작품이다.

---

333) 하란산(賀蘭山) : 지금의 닝샤후이족자치구와 네이멍구자치구 사이에 있는 산. 원래 북송과 금나라의 국경 지대였는데 당시에는 금나라에 점령당해 있었다.

334) 결(缺) : 산과 산 사이의 낮은 곳.

335) 흉노(匈奴) : 흉노족. 금나라를 가리킨다.

336) 종두(從頭) : 처음부터 끝까지. 전부.

337) 천궐(天闕) : 천자의 궁궐.

장효상(張孝祥)

1132~1169.

오강(烏江, 지금의 안후이성 우장) 사람으로 자가 안국(安國)이고 호가 우호거사(于湖居士)다. 소흥 24년(1154)에 과거에 급제했는데 급제하자마자 상소문을 올려 악비(岳飛)를 위해 억울함을 호소했으며, 장준(張浚)의 중원 수복 주장을 적극적으로 지지했다.

비서성정자(秘書省正字) · 교서랑(校書郎) · 기거사인(起居舍人) · 중서사인(中書舍人) · 정강지부(靜江知府) · 형호북로안무사(荊湖北路安撫使) 등의 관직을 역임했다. 그는 성격이 강직해 불의와 타협할 줄 몰랐는바 평소의 우국충정과 울분을 사에다 토로했다. 그의 시와 사는 모두 소식(蘇軾)의 영향을 많이 받았다. 장원간(張元幹)과 더불어 신기질(辛棄疾) 사의 앞길을 열어 주어 '이장(二張)'으로 병칭된다.

사집으로 《우호거사장단구(于湖居士長短句)》가 있다.

육주가두

기나긴 회하 쪽을 아득히 바라보니
변새의 평원에 초목이 우거졌다.
전진은 자욱하고
서릿바람 싸늘한데
변경이 소리 없이 적막 속에 싸여 있어
나도 몰래 넋이 나가 멍하니 바라본다.
금나라가 남침하던 그때 일을 생각하면
아마도 천운이지
인력이 미치는 일은 아닐 것이다.
수수와 사수 가의
거문고 타며 낭송하던 교화된 그 땅에도
지금은 누린내가 진동하겠다.
융단 천막 치고 사는 강 건너 마을에는
석양 맞아 소와 양이 산에서 내려오고
초소가 여기저기 흩어져 있다.
적장이 밤중에 사냥하는 모습 보니
기병들의 횃불로 온 시내가 훤한데
호드기 소리 북소리 구슬프게 울려서

듣는 이의 가슴을 놀라게 한다.

허리춤의 화살과
칼집 속의 칼을 보니
헛되이 먼지 앉고 좀마저 쏠았거늘
도대체 무슨 일을 이루어 내리?
세월이란 허송하기 쉬운 법인데
쓸데없이 마음만 비장할 따름
또 한 해가 이렇게 저물어 가고
서울은 아득히 멀기만 하다.
방패와 깃털로 한창 먼 곳 회유하여
봉화가 잠잠하고
전쟁도 그쳤다.
관을 쓰고 수레를 탄 화의의 사신들이
어지러이 금나라로 달려가거늘
어떻게 평상심을 견지할 수 있으리?
듣자하니 중원에 남아 있는 노인들은
늘 남쪽을 바라보며
비취 깃 수레와 오색기가 돌아오길 기다린단다.
지나가는 나그네가 여기에 이른다면
충의와 분개가 가슴에 북받쳐서

엎질러진 물처럼 눈물이 쏟아지리.

六州歌頭

長淮[338]望斷, 關塞[339]莽然平[340]. 征塵[341]暗, 霜風勁, 悄邊聲[342]. 黯銷凝[343]. 追想當年事[344], 殆天數, 非人力, 洙泗[345]上, 弦歌[346]地, 亦膻腥[347]. 隔水氈鄉[348], 落日牛羊

338) 장회(長淮) : 회하(淮河)를 흔히 장회라고 한다.

339) 관새(關塞) : 변새. 변경(邊境). 소흥 11년(1141) 남송은 회하를 양국의 국경으로 삼기로 하고 금나라와 굴욕적인 화의를 맺었기 때문에 회하 일대를 변경이라고 한 것이다.

340) 망연평(莽然平) : 무성하게 자란 초목이 울퉁불퉁한 지표를 덮어 버려서 평평하게 보인다는 말이다. 왕래하는 사람이 없음을 뜻한다.

341) 정진(征塵) : 전쟁으로 인해 생기는 먼지. 전진(戰塵).

342) 초변성(悄邊聲) : 전쟁하는 소리와 같은 변방의 소리가 없고 고요하기만 하다. 중원을 수복하려는 노력이 없다는 말이다.

343) 소응(銷凝) : 넋이 나가서 멍하다.

344) 당년사(當年事) : 정강 2년(1127)에 금나라 군사가 남침해 휘종과 흠종을 비롯한 황실 인사 3000여 명을 끌고 간 이른바 정강지변(靖康之變)을 가리킨다.

345) 수사(洙泗) : 수수와 사수. 두 강이 모두 공자(孔子)가 제자들에게 학문을 강론하던 산동성 곡부(曲阜)를 지나간다.

346) 현가(弦歌) : 춘추 시대에는 예악을 중시해서 학당에서 늘 음악을 연주했다.

下, 區脫[349]縱橫. 看名王[350]宵獵, 騎火[351]一川明. 笳鼓悲鳴. 遣人驚.

看腰間箭, 匣中劍, 空埃蠹, 竟何成. 時易失, 心徒壯, 歲將零. 渺神京. 干羽[352]方懷遠[353], 靜烽燧, 且休兵. 冠蓋使[354], 紛馳騖[355], 若爲情[356]. 聞道中原遺老, 常南望, 翠葆霓旌[357]. 使行人到此, 忠憤氣塡膺. 有淚如傾[358].

---

347) 전성(羶腥) : 누린내가 나다.

348) 전향(氈鄕) : 융단으로 만든 천막 속에서 사는 북방인의 마을. 금나라 점령 지구를 가리킨다.

349) 구탈(區脫) : 초소를 뜻하는 흉노어.

350) 명왕(名王) : 흉노족의 왕 가운데 명성이 있는 사람. 여기서는 금나라 장수를 가리킨다.

351) 기화(騎火) : 기병이 들고 있는 횃불.

352) 간우(干羽) : 손에 들고 춤추던 방패와 깃털. 문무(文舞)를 출 때는 깃털을 들고 무무를 출 때는 방패를 들었다. 순(舜)임금이 방패와 깃털을 들고 춤을 추자 얼마 안 있어서 묘족(苗族)이 귀순한 일이 있기 때문에[《상서(尙書)·대우모(大禹謨)》 참조] 덕으로 교화하는 것을 가리킨다.

353) 회원(懷遠) : 멀리 있는 사람을 회유하다. 이 구절은 조정이 금나라와 굴욕적인 화의를 맺은 것을 풍자한 것이다.

354) 관개사(冠蓋使) : 화의를 맺기 위해 금나라로 들어가는 사신을 가리킨다. '관개'는 관리들의 관모와 수레라는 뜻으로 관리를 가리킨다.

355) 치무(馳騖) : 달리다.

356) 약위정(若爲情) : 어찌 평상시의 심정을 견지할 수 있겠는가.

해설

소흥 32년(1162)경에 당시 건강유수(建康留守)로 재임 중이던 주전파의 명장 장준(張浚)이 베푼 연회석에서 지은 것이다. 송대 무명씨의 《조야유기(朝野遺記)》에 따르면 장준이 이 사를 읽고는 마음이 착잡해져서 술자리를 파했다고 한다. 장효상 분개사의 대표작이라 할 만한 작품이다.

---

357) 취보예정(翠葆霓旌) : 비취새의 깃털로 장식한 수레 덮개와 무지개처럼 생긴 오색 깃발. 황제의 행렬을 가리킨다.

358) 경(傾) : 물동이를 기울여서 물을 쏟다.

염노교
—동정호를 지나며

동정호와 청초호는
중추절이 다가오자 바람이 더는 없다.
삼만 경에 달하는 옥의 천지 옥의 밭에
나의 일엽편주가 착 달라붙어 있다.
하얀 달이 수면에 밝은 빛을 나눠 주고
은하수도 달과 함께 빛을 뿌리니
호수의 안과 밖이 모두 다 맑다.
이런 경지 흔연히 마음으로 깨달을 뿐
오묘함을 그대에게 설명하기 어렵다.

당연히 영남에서 해 넘긴 일 생각나
쓸쓸한 달빛에 자신을 비춰 보니
간담이 다 얼음과 눈처럼 깨끗하다.
짧은 머리 듬성하고 깃과 소매 서늘한데
넓디넓은 창파에 평온하게 배 띄웠다.
서상 물을 다 떠 와서 그것을 술로 삼아
북두칠성 국자로 조금 따라 마시니

삼라만상이 모두 손님이로다.

뱃전을 두들기며 홀로 휘파람 부니

오늘 저녁이 어떠한 저녁인지 모르겠다.

念奴嬌－過洞庭[359]

洞庭青草[360], 近中秋·更無一點風色. 玉界瓊田[361]三萬頃, 著[362]我扁舟一葉. 素月分輝, 銀河共影[363], 表裏俱澄澈. 怡然心會[364], 妙處難與君說.

應念嶺海[365]經年[366], 孤光自照, 肝膽[367]皆冰雪. 短髮蕭

---

359) 동정(洞庭) : 동정호. 지금의 후난성과 후베이성 사이에 있는 호수.

360) 청초(青草) : 청초호. 동정호 동남쪽 수면을 가리킨다. 당송(唐宋) 시기에는 이 호수의 북쪽에 모래섬이 있어서 물이 빠지면 동정호와 분리되고 물이 불어나면 동정호와 연결되었다고 한다. 위숭산(魏嵩山), 《중국역사지명대사전(中國歷史地名大辭典)》, 광동교육출판사, 1995년 제1판, 603쪽 참조.

361) 옥계경전(玉界瓊田) : 옥의 세계와 옥의 밭. 호수의 수면을 가리킨다.

362) 착(著) : 붙다. 배가 호수에 떠 있는 것을 가리킨다.

363) 공영(共影) : 함께 비추다.

364) 심회(心會) : 마음속으로 깨닫다.

365) 영해(嶺海) : 영남 지방. 대유령(大庾嶺)을 비롯한 오령(五嶺)과 바다의 사이라는 뜻으로 광동 지방 및 광서 지방을 가리킨다.

騷[368]襟袖冷, 穩泛滄浪空闊. 盡挹西江[369], 細斟北斗, 萬象爲賓客. 扣舷獨嘯, 不知今夕何夕[370].

해설

장효상은 남송 효종 건도 원년(1165)에 정강태수로 나갔다가 이듬해에 정적들의 모함으로 파직되어 북쪽으로 돌아가는 도중 동정호를 지나갔다. 이것은 이때 지은 사다. 두보가 〈악양루에 올라(登岳陽樓)〉라는 시에서 "천지가 밤낮으로 항상 떠 있다(乾坤日夜浮)"라고 했을 정도로, 끝

---

366) 경년(經年) : 해를 넘기다. 한 해 이상 머무는 것을 가리킨다. 장효상은 정강지부(靜江知府) 겸 광남서로경략안무사(廣南西路經略安撫使)로서 정강[지금의 광시좡족자치구 구이린(桂林)]에 거주한 적이 있다.

367) 간담(肝膽) : 간과 쓸개. 사람의 신체 또는 내부 기관을 가리킨다.

368) 소소(蕭騷) : 듬성듬성하다.

369) 서강(西江) : 장강의 중 · 하류를 가리킨다. 동정호는 북쪽으로 장강의 중류와 연결되어 있다.

370) 금석하석(今夕何夕) : 오늘 밤은 어찌 이리 좋은 밤인가? 《시경 · 당풍 · 주무(綢繆)》의 "꽁꽁 단단하게 땔나무를 묶고 나니, 삼성이 반짝반짝 하늘에 있네. 오늘 저녁이 어떠한 지녁이기에, 이 좋은 사람을 만날 수 있었는가?(綢繆束薪, 三星在天. 今夕何夕, 見此良人?)"라는 구절을 차용해 그날 밤의 흐뭇한 심경을 표현한 것이다.

이 보이지 않는 동정호의 야경을 바라보면서 자신의 호방한 기상과 활달한 흉금을 토로했다.

육유(陸游)

1125~1210.

산음[山陰, 지금의 저장성 사오싱(紹興)] 사람으로 자가 무관(務觀)이고 호가 방옹(放翁)이다.

그는 누구보다도 강력하게 금나라에 빼앗긴 중원 땅의 수복을 주장했기 때문에 주화파(主和派)의 미움을 사서, 남송 고종 소흥 23년(1153)의 과거 시험에서 우수한 성적을 얻고도 주화파의 방해로 억울하게 낙방했는가 하면, 소흥 27년(1157) 복주영덕현주부(福州寧德縣主簿)에 기용되어 관직에 첫발을 내디딘 이후에도 평생에 걸쳐 다섯 차례나 면직을 당하는 등 정치 생애에서 수많은 파란을 겪었다.

그는 중국의 역대 시인들 가운데 가장 많은 수효인 9000여 수의 시를 남기고 있는데, 그의 시와 마찬가지로 그의 사도 금나라에 대한 적개심이나 우국충정을 토로한 것과 한적한 전원생활의 정취를 노래한 것이 많다.

사집으로 《방옹사》가 있다.

복산자
—매화

역사의 바깥쪽 무너진 다리께에
적막하게 피어서 주인도 없이
황혼 맞아 혼자서 근심에 빠졌는데
더군다나 풍우마저 몰아닥치네.

아등바등 봄빛을 다투고픈 맘이 없어
뭇꽃의 시샘을 아랑곳 않네.
떨어져 진흙 되고 바스러져 먼지 돼도
은은한 향기만은 변함이 없네.

卜算子—詠梅

驛外斷橋邊, 寂寞開無主[371]. 已是黃昏獨自愁, 更著[372]風和雨.

無意苦爭春, 一任群芳妒. 零落[373]成泥碾[374]作塵, 只有香

---

371) 무주(無主) : 주인이 없다. 관리하고 감상하는 사람이 없다는 뜻이다.

372) 착(著) : 만나다.

如故.

해설

인적이 드문 곳에 외로이 피어 있으면서도 고고한 자태와 은은한 향기를 잃지 않는 매화의 품성을 칭송하는 가운데, 주화파가 득세하는 당시의 암울한 정국 속에서도 끝까지 구국의 일념을 버리지 않겠다는 자신의 꿋꿋한 우국충정을 내비친 사다.

---

373) 영락(零落) : 말라서 떨어지다.

374) 연(碾) : 맷돌에 갈려 바스러지다. 수레바퀴나 사람들의 발에 짓밟혀 부서지는 것을 가리킨다.

어가오
—중고에게

동으로 바라보나니 산음이 어디일까?
왔다 갔다 거리가 일만 삼천 리지요.
편지를 써 봤지만 종이만 채웠을 뿐이라
눈물을 흘리나니
답장이 돌아오면 이미 내년이겠지요.

홍교 밑의 물에게 말 전하나니
조각배로 언제나 형제를 찾아갈까?
천애를 다 다니느라 참으로 늙었는데
근심으로 잠 못 이뤄
귀밑털 몇 가닥에 차 연기를 피우네요.

漁家傲－寄仲高[375)]
東望山陰[376)]何處是. 往來一萬三千里. 寫得家書[377)]空滿紙[378)]. 流淸淚. 書回[379)]已是明年事.

---

375) 중고(仲高) : 육유의 사촌형 육승지(陸升之)의 자(字).

376) 산음(山陰) : 지금의 저장성 사오싱(紹興). 육유의 고향이다.

寄語紅橋[380]橋下水. 扁舟何日尋兄弟. 行遍[381]天涯眞老矣. 愁無寐. 鬢絲[382]幾縷茶煙[383]裏.

해설

사천성 성도(成都)에 있을 때인 남송 순희 2년(1175) 무렵에 사촌형 육승지가 관직에서 물러나 고향으로 돌아갔다는 소식을 듣고 지은 것으로 형제와 고향에 대한 그리움이 진하게 배어 있다.

---

377) 가서(家書) : 집으로 보낼 편지.

378) 공만지(空滿紙) : 공연히 종이를 채우다. 편지지에 가득히 썼지만 전하기가 어렵다는 말이다.

379) 서회(書回) : 편지가 돌아오다. 답장을 보내온다는 말이다.

380) 홍교(紅橋) : 산음에 있던 다리.

381) 행편(行遍) : 두루 돌아다니다.

382) 빈사(鬢絲) : 살쩍. 귀밑털.

383) 다연(茶煙) : 차를 끓일 때 나는 연기.

신기질(辛棄疾)

1140～1207.

역성[歷城, 지금의 산둥성 지난(濟南)] 사람으로 자가 유안(幼安)이고 호가 가헌(稼軒)이다. 북송이 망한 뒤인 스물두 살 때 군사 2000여 명을 이끌고 경경(耿京)의 의병대에 가담해 항금 투쟁을 벌이다가 실패하고 마침내 남송으로 내려가서 건강통판(建康通判)·저주지주(滁州知州)·호남안무사(湖南安撫使)·절서제점형옥(浙西提點刑獄)·복주지주(福州知州)·진강지부(鎭江知府) 등의 관직을 역임하기도 했으나 틈이 날 때마다 강력하게 북벌을 주장하다가 주화파(主和派)의 모함으로 벼슬에서 물러나 상요(上饒, 지금의 장시성 상라오)에서 18년 동안이나 은거했다. 만년에 한탁주(韓侂胄)의 북벌 계획에 참여했으나 오래지 않아 다시 파직되어 연산(鉛山, 지금의 장시성 옌산)에서 은거하다가 세상을 떠났다. 그는 소식(蘇軾)의 호방사풍을 계승해서 대대적으로 발전시켰기 때문에 소식과 더불어 '소신(蘇辛)'으로 병칭된다. 그의 사는 애국 충정을 토로한 것과 은거 생활의 정취를 노래한 것이 주류를 이룬다. 사집으로《가헌장단구(稼軒長短句)》가 있다.

모어아

—순희 기해년(1179)에 호북전운부사에서 호남으로 옮기게 되자 동료 왕정지가 소산정에다 술자리를 마련해 주기에

몇 번이나 비바람을 더 견딜 수 있으랴?
총총히 봄은 또 되돌아간다.
봄을 아껴 항상 꽃이 일찍 필까 겁났거늘
하물며 낙화가 무수함에랴!
봄아 잠시 머물러라.
천애에 방초 우거져 귀로도 없다더라.
봄이 대답 안 한다고 원망하나니
따져 보면 속정 깊은 처마 밑의 거미줄만이
하루 종일 흩날리는 버들개지 붙잡는다.

장문궁의 옛일이여
좋은 때를 바랐건만 또 잘못되었나니
눈썹 고운 미인에게 질투하는 이 있었도다.
천금으로 사마상여의 〈장문부〉를 산다 해도
끝없는 내 마음 누구에게 호소하랴?

그러니 그대여 춤을 추지 말게나.

옥환과 비연이 다 진토 되는 것 못 보았나?

고독이 무엇보다 힘든 것이니

높다란 난간에 가서 기대서지 말게나.

저녁 해가 때마침

안개 낀 버들 숲의 애끊기는 곳에 있다.

摸魚兒－淳熙[384]己亥，自湖北漕[385]移湖南，同官王正之[386]置酒小山亭[387]，爲賦

更能消[388]·幾番風雨．悤悤春又歸去．惜春長恨花開早，何況落紅[389]無數．春且住．見說道[390]·天涯芳草無歸路．怨春不語．算只有殷勤[391]，畫檐[392]蛛網，盡日惹飛絮．

---

384) 순희(淳熙) : 남송 효종의 연호. 1174~1189.

385) 조(漕) : 수로를 이용한 조세와 곡물의 수송을 담당하는 관리를 가리킨다. 신기질은 당시 호북전운부사(湖北轉運副使)로 재임 중이었다.

386) 왕정지(王正之) : 신기질의 동료로 그의 뒤를 이어 호북전운부사가 된 사람.

387) 소산정(小山亭) : 호북전운부사 관서에 있던 정자.

388) 갱능소(更能消) : 더 ~을 견딜 수 있는가.

389) 낙홍(落紅) : 떨어진 붉은 꽃잎.

390) 견설도(見說道) : ~라고 하는 말을 듣다.

391) 은근(殷勤) : 정이 깊고 간절하다.

長門393)事, 準擬394)佳期395)又誤. 蛾眉396)曾有人妒. 千金縱買相如賦, 脈脈397)此情誰訴. 君莫舞. 君不見 · 玉環398)飛燕399)皆塵土. 閒愁最苦. 休去倚危闌, 斜陽正在, 煙柳斷腸處.

해설

신기질은 줄곧 금나라에 대한 항전의 의지를 불태우고 있

---

392) 화첨(畫檐) : 울긋불긋하게 단청을 칠한 처마.

393) 장문(長門) : 장문궁. 한나라 무제의 총애를 듬뿍 받던 진 황후(陳皇后)가 지나친 질투로 인해 총애를 잃고 유폐되어 있던 궁전. 진 황후는 이때 당대 최고의 부(賦) 작가 사마상여(司馬相如)에게 황금 백 근을 주고 〈장문부(長門賦)〉를 짓게 했다는 일화가 있다.

394) 준의(準擬) : 예기하다. 희망하다.

395) 가기(佳期) : 좋은 때. 금나라에 빼앗긴 북반부를 수복하는 날을 가리킨다.

396) 아미(蛾眉) : 누에나방의 촉수처럼 가늘고 길고 동그스름한 미인의 눈썹. 진 황후에 비유된 시인 자신을 가리킨다.

397) 맥맥(脈脈) : 끊어지지 않고 죽 이어지는 모양.

398) 옥환(玉環) : 당나라 현종의 황후로 중국 4대 미인 가운데 한 사람인 양귀비(楊貴妃)의 본명.

399) 비연(飛燕) : 반첩여(班婕妤)를 밀어내고 한나라 성제의 두 번째 황후가 된 조비연(趙飛燕)을 가리킨다.

었지만 그의 뜻은 번번이 조정의 주화파(主和派) 인사들에게 묵살당했다. 이 사는 40세 되던 해인 남송 효종 순희 6년(1179) 호북전운부사로 부임한 지 얼마 안 되어 다시 항금 전선으로부터 더욱 거리가 먼 호남 지방의 전운부사로 옮겨 가게 되었을 때 나라를 걱정하고 시절을 한탄해 지은 것이다.

영우락
—경구의 북고정에서 옛날 일을 생각하며

천고의 이 강산에
참된 영웅 손중모는
찾을 곳 없고
춤추고 노래하며 놀던 누대에
멋진 일들 깡그리
비바람에 씻기어 다 사라졌네.
석양이 초목을 비추고 있는
예사로운 저 골목이
일찍이 기노가 살던 곳이라 하니
당시에 번쩍이는 금빛 창과 철갑 전마는
기운이 호랑이처럼 만 리를 삼켰겠네.

송나라 원가 시절에 경솔하게도
낭거서산에서 승전의 감사제를 지내려다
경황없이 북쪽을 바라보는 꼴이 됐지.
사십삼 년 전의 일이
바라보니 아직도 기억이 나거니와

양주 길에 봉화가 훨훨 타고 있었지.
돌아볼 수 있으리
불리사 밑에
까마귀 소리와 북소리가 한데 섞여 있던 일을?
누구에게 물으시리 염파 비록 늙었어도
아직까지 밥을 잘 먹고 있는지?

永遇樂－京口400)北固亭401)懷古

千古江山, 英雄無覓, 孫仲謀402)處. 舞榭歌臺, 風流403)總被, 雨打風吹去. 斜陽草樹, 尋常巷陌, 人道寄奴404)曾住.
想當年・金戈鐵馬405), 氣吞萬里如虎.
元嘉406)草草407), 封408)狼居胥409), 贏得410)倉皇北顧411).

---

400) 경구(京口) : 지금의 장쑤성 전장(鎭江).

401) 북고정(北固亭) : 진강의 북고산 꼭대기에 있는 정자.

402) 중모(仲謀) : 삼국시대 오나라 손권(孫權)의 자(字).

403) 풍류(風流) : 걸출하고 비범한 일. 손권이 경구를 근거지로 삼아 오나라를 세우고 번영을 누린 멋진 일을 가리킨다.

404) 기노(寄奴) : 남조 시대 송나라 무제 유유(劉裕)의 어릴 적 이름. 경구에서 자란 그는 많은 전공을 이루고 마침내 송나라를 세웠다.

405) 철마(鐵馬) : 무쇠 갑옷을 입은 전마(戰馬).

406) 원가(元嘉) : 남조 시대 송나라 문제의 연호. 424～453.

407) 초초(草草) : 경솔한 모양.

四十三年[412], 望中猶記, 烽火揚州[413]路. 可堪回首, 佛狸祠[414]下, 一片神鴉[415]社鼓[416]. 憑誰問 · 廉頗[417]老矣, 尙能飯否.

---

408) 봉(封) : 산 위에 제단을 쌓고 천지신명에게 제사를 지내는 것을 말한다.

409) 낭거서(狼居胥) : 낭거서산. 네이멍구자치구에 있는 산. 한나라 무제 때 곽거병(霍去病)이 흉노족을 이 산 밖으로 몰아내고 이 산에서 승리를 자축하는 제사를 올렸다.

410) 영득(贏得) : 결과를 초래하다.

411) 창황북고(倉皇北顧) : 경황없이 북쪽을 바라보다. 송나라 문제 원가 27년(450)에 문제가 충분한 준비도 하지 않은 채 왕현모(王玄謨)를 파견해서 무리하게 북벌을 감행하다가 실패한 뒤 "북쪽을 돌아보니 눈물이 번갈아 흐른다(北顧涕交流)"라는 시를 읊었다. 《송서(宋書) · 삭로전(索虜傳)》 참조.

412) 사십삼년(四十三年) : 신기질이 자신의 군사를 이끌고 남쪽으로 내려간 소흥 32년(1162)부터 이 사가 지어진 가태 4년(1204)까지의 기간을 가리킨다.

413) 양주(揚州) : 지금의 장쑤성 양저우. 이 구절은 금나라 군사가 양주를 침공한 일을 가리킨다.

414) 불리사(佛狸祠) : 지금의 장쑤성 류허(六合) 동남쪽의 과보산(瓜步山)에 있는 사당. 원가 27년(450)에 북위(北魏) 태무제(太武帝)의 군사가 왕현모 군사를 쫓아낸 후 이곳에 사당을 짓고 태무제의 어릴 적 이름을 따서 불리사라고 명명했다.

415) 신아(神鴉) : 사당 부근에서 제사 음식을 먹고 사는 까마귀를 가리킨다.

해설

진강지부(鎭江知府)로 재임 중이던 가태 4년(1204)에 지은 것으로 남조 시대 송나라 문제가 준비도 제대로 하지 않고 경솔하게 북벌을 감행하다가 실패한 사실을 빌려 한탁주(韓侂胄)가 얼른 공을 세우고 싶은 욕심에 섣부르게 금나라를 공격하다가 실패한 일을 통렬하게 비판했다. 이 사는 갖가지 역사적 사실을 인용함으로써 작품의 함축성을 크게 한 장점이 있는 반면에 독자의 이해를 어렵게 한

---

416) 사고(社鼓) : 토지신의 사당에서 치는 북. 여기서는 불리사에서 치는 북을 가리킨다.

417) 염파(廉頗) : 전국 시대 조(趙)나라의 명장. 그는 다른 사람의 모함으로 위기에 처해 위(魏)나라로 망명했는데 나중에 진(秦)나라의 공격을 받아 위험에 빠진 조나라의 임금이 사자를 보내 그의 근황을 알아보게 했다. 그는 쌀 한 말로 지은 밥과 고기 열 근을 먹은 뒤 갑옷을 입고 말을 몰아 자신이 아직 건재함을 과시했으나 염파의 정적인 곽개(郭開)에게서 많은 황금을 뇌물로 받은 사자가 돌아가서 그가 아직 밥은 잘 먹었지만 자기와 함께 앉아 있는 동안 세 번이나 화장실에 가더라고 보고했다. 이 말을 듣고 조나라 임금은 염파를 부르지 않았다(《사기·염파열전》 참조). 이하의 두 구절은 신기질 자신이 아직 건재한데도 불구하고 황제에게 이 사실을 알려 줄 조정 대신이 없음을 한탄한 것이다.

단점도 있다. 신기질이 일찍이 기녀들로 하여금 자기 사를 번갈아 가며 노래하게 하고 스스로 박자를 맞추기도 하면서 좌객들에게 문제점을 지적해 달라고 했을 때 악가(岳珂)가 즉시 용전(用典)이 너무 많다고 했더니 "그대가 실로 나의 고질병을 꼬집어 주었소"라고 했다 한다[악가의 《정사(桯史)》 권3 참조]. 이처럼 전고(典故)의 인용, 즉 용전이 많은 것은 신기질 사의 대표적인 특징 가운데 하나다. 지금의 전장(鎭江) 베이구산(北固山)풍경구 정문 앞에 이 사를 새긴 시비가 세워져 있다.

청옥안
―정월 대보름

동풍은 밤에 나무마다 꽃을 피우고
다시 불어 비 오듯이 별을 떨어뜨린다.
멋진 말의 조각한 수레로 길에 온통 향기 가득
퉁소 소리 흐느끼고
옥단지는 흔들흔들
밤새도록 물고기와 용이 춤춘다.

금실이 걸려 있는 아아와 설류
간드러지게 담소하며 은은한 향기가 지나가네.
군중 속에서 백 번 천 번 그 사람을 찾다가
무심코 돌아보니
그 사람은 뜻밖에도
등불이 가물대는 그곳에 있네.

青玉案―元夕[418]

---

418) 원석(元夕) : 음력 1월 15일. 정월 대보름.

東風夜放花[419]千樹. 更吹落·星[420]如雨. 寶馬雕車[421]香滿路. 鳳簫[422]聲動, 玉壺光轉[423], 一夜魚龍[424]舞.
蛾兒[425]雪柳[426]黃金縷[427]. 笑語盈盈[428]暗香[429]去. 衆裏尋他千百度[430]. 驀然[431]回首, 那人却在, 燈火闌珊[432]處.

---

419) 화(花) : 거리 여기저기에 걸려 있는 휘황찬란한 꽃등을 가리킨다.

420) 성(星) : 주민들이 한데 모여 달맞이할 때 주위를 밝게 하기 위해 소나무 가지 따위로 만든 달집을 태움에 따라 하늘 높이 날아올라 갔다가 떨어지는 불똥, 또는 폭죽의 불똥을 가리킨다.

421) 보마조거(寶馬雕車) : 보배로운 말과 아로새긴 수레. 이 구절은 관등놀이가 성대하게 거행된다는 말이다.

422) 봉소(鳳簫) : 퉁소의 미칭.

423) 옥호광전(玉壺光轉) : 옥단지에서 빛이 흔들리다. 이 구절은 인가에 걸린 단지 모양의 등롱이 흔들흔들하며 빛을 발한다는 말이다.

424) 어룡(魚龍) : 물고기나 용의 형상으로 만든 등.

425) 아아(蛾兒) : 오색 종이나 채색 비단을 오려서 만든 옛날 여인들의 머리 장식품.

426) 설류(雪柳) : 종이나 비단으로 만든 옛날 여인들의 장식품.

427) 황금루(黃金縷) : 아아와 설류에 꼬아 붙인 금실을 가리킨다.

428) 영영(盈盈) : 자태가 아름다운 모양.

429) 암향(暗香) : 여인들의 몸에서 풍기는 은은한 향내를 가리킨다.

430) 천백도(千百度) : 백 번 천 번. '도(度)'는 동작의 횟수를 표시하는 단위 명사다. 중국 최대의 인터넷 검색 사이트인 '바이두(Baidu, 百度)'는 그 명칭이 바로 이 구절에서 유래했다고 한다. 《바이두백과(百度百科)·바이두(百度)》 참조.

해설

건도 7년(1171)경 도성 임안[臨安, 지금의 저장성 항저우(杭州)]에서 지은 것으로 보이는 이 사는 자신의 이상형이 결코 세속적인 무리 속에서 다투어 찬란한 광채를 내뿜는 두드러진 여인이 아니라 다른 사람의 시선이 잘 닿지 않는 곳에 숨어 있으면서도 자신의 가치를 견지하는 고고한 여인임을 표명했다. 그가 추구한 이상형의 여인은 곧 주화파(主和派)가 득실대는 남송 조정에서 고군분투하며 항금 투쟁을 주장한 자신의 모습일 것이다. 이 사는 표면적으로 정월 대보름 밤의 주요 풍속인 성대한 관등놀이를 묘사하면서 이면에 자신의 고결한 인품과 지향을 깃들여 놓았다.

431) 맥연(驀然) : 무심코. 갑자기.

432) 난산(闌珊) : 쇠락하다. 사그라지다.

보살만
—강서 조구의 벽에

울고대 아래의 저 맑은 강물 속에
행인들의 눈물이 얼마나 섞였을까?
서북쪽 먼 곳으로 장안을 바라보니
아름다운 청산이 수없이 많다.

청산도 저 강물을 막지 못해서
기어이 동쪽으로 흘러가는데
강가의 황혼이 막 근심을 자아낼 제
깊은 산 어딘가서 자고새가 울어 댄다.

菩薩蠻—書江西造口[433]壁
鬱孤臺[434]下淸江水. 中間多少行人淚. 西北望長安[435].

433) 조구(造口) : 지금의 장시성 완안(萬安)에서 서남쪽으로 60리 되는 곳의 조구계(皂口溪)와 감강(贛江)이 합류하는 곳에 있던 고을.

434) 울고대(鬱孤臺) : 지금의 장시성 간저우(贛州)에 있는 누대.

435) 장안(長安) : 당시의 도성 임안[臨安, 지금의 저장성 항저우(杭州)]을 가리킨다.

可憐無數山.

青山遮不住[436]. 畢竟東流去. 江晩正愁余. 山深聞鷓鴣[437].

해설

강서제점형옥(江西提點刑獄)으로 재임 중이던 순희 2년(1175)경에 조구를 지나가다가 46년 전인 건염 3년(1129)에 그 일대가 금나라 군사에게 유린당한 쓰라린 역사를 통탄하고 아울러 언젠가 반드시 잃어버린 중원 땅을 수복하고야 말겠다는 굳건한 의지를 표명한 사다.

---

436) 차부주(遮不住) : 차단하지 못하다. 이 구절은 청산도 도도한 강물의 흐름을 막지 못한다는 뜻으로, 아무도 잃어버린 조국 땅을 수복하려는 우국지사들의 투지를 막을 수 없을 것이라는 뜻이 깃들어 있다.

437) 자고(鷓鴣) : 자고새. 울음소리가 매우 처량한데 마치 "행부득야가가(行不得也哥哥 : '못 갑니다 오라버니' 또는 '못합니다 오라버니')"라고 하는 것 같다고 한다. 남송 사람 나대경(羅大經)의 《학림옥로(鶴林玉露)》에 "자고새 소리가 들린다는 구절은 잃어버린 조국을 회복하는 일을 못한다는 말이다(聞鷓鴣之句, 謂恢復之事行不得也)"라고 했다.

강기(姜夔)

1155~1221?

파양[鄱陽, 지금의 장시성 보양(波陽)] 사람으로 자가 요장(堯章)이고 호가 백석도인(白石道人)이다. 일찍이 부친을 따라 한양[漢陽, 지금의 후베이성 우한(武漢)]에 가서 살다가 부친이 죽은 뒤에는 누나에게 의탁해 살았다. 평생 벼슬에 나아가지 않고 호북 · 강서 · 안휘 · 강소 · 절강 등지를 돌아다니면서 남의 식객 노릇을 하다가 항주에서 세상을 떠났다. 그는 사를 잘 지어 시인으로서보다 사인으로서 더 유명한데, 그의 사 가운데에는 자신이 직접 곡조를 지은 자작곡이 많다. 그의 사는 아정(雅正)한 내용과 정련된 표현, 그리고 음률과의 조화를 중시해 남송 후기 사단의 격률화에 커다란 영향을 미쳤으며 나아가 청나라 때 절서사파(浙西詞派)의 본보기가 되었다.

사집으로 《백석도인가곡(白石道人歌曲)》이 있다.

양주만

—순희 병신년(1176) 동짓날에 내가 양주를 지나가노라니 밤눈이 막 개고 냉이와 보리가 시야에 가득히 들어왔다. 성안으로 들어가자 사방이 쓸쓸한 가운데 차가운 물이 푸른 빛을 발하고 어스레한 땅거미가 조금씩 내리고 있는데 수루의 뿔피리 소리가 구슬프게 울렸다. 내가 마음이 슬퍼지며 금석지감이 일어서 스스로 이 곡조를 지었더니 천암노인이 〈기장이 더북더북〉의 슬픔이 있다고 여겼다

회하 왼쪽 지역의 이름난 도시
죽서정 좋은 곳에
안장을 풀어 놓고 여정 잠시 멈추었다.
십 리에 춘풍 불던 양주 길을 지나자니
도처에 냉이 보리 시퍼렇게 우거졌다.
오랑캐 말들이 장강을 넘보고 떠나간 뒤로
황폐한 연못가의 교목조차도
전쟁 얘기하는 것 안 좋아한다.
차츰차츰 황혼 들자 뿔피리가 추위를 날려
텅 빈 성에 가득히 퍼져 나간다.

여기에서 멋지게 논 두씨 도령이
지금 다시 온다면 틀림없이 놀라리라.
육두구를 읊은 시가 참 아름답고
청루에서 단꿈을 꾸었던 그도
처량한 이 심정은 읊어 내지 못하리라.
이십사교 옛 다리는 아직 있건만
물결은 출렁대고 찬 달빛은 고요한데
다리 가에 피어 있는 붉은 작약은
누굴 위해 해마다 피고 또 필까?

揚州慢－淳熙丙申至日，余過維揚[438]．夜雪初霽，薺麥彌望．入其城，則四顧蕭條，寒水自碧，暮色漸起，戍角[439]悲吟．余懷愴然，感慨今昔，因自度此曲．千巖老人[440]以爲有〈黍離〉[441]之悲也

---

438) 유양(維揚) : 지금의 장쑤성 양저우(揚州).

439) 수각(戍角) : 수루(戍樓)에서 부는 뿔피리 소리.

440) 천암노인(千巖老人) : 남송 시인 소덕조(蕭德藻)의 호.

441) 서리(黍離) : 《시경 · 왕풍(王風)》의 작품 이름. 주나라가 망한 뒤 주나라의 대부가 옛날 도성을 지나가다가 주나라의 종묘가 잡초에 묻혀 있는 것을 보고 망국의 슬픔을 노래한 시다.

淮左[442]名都, 竹西[443]佳處, 解鞍少駐初程. 過春風十里[444], 盡薺麥靑靑. 自胡馬·窺江去後, 廢池喬木, 猶厭言兵. 漸黃昏·淸角吹寒, 都在空城.

杜郎[445]俊賞, 算[446]而今·重到須驚. 縱豆蔻[447]詞工, 靑樓夢[448]好, 難賦深情. 二十四橋[449]仍在, 波心蕩·冷月無

---

442) 회좌(淮左) : 회하의 왼쪽, 즉 동쪽.

443) 죽서(竹西) : 죽서정. 지금의 장쑤성 양저우에 있는 정자.

444) 춘풍십리(春風十里) : "십 리 길 양주로에 봄바람 불어, 주렴을 다 걷어도 모두 너만 못하구나(春風十里揚州路, 捲上珠簾總不如)"라고 한 두목(杜牧)의 시 〈헤어지는 사람에게(贈別)〉에서 나온 것으로 번화한 양주 거리를 가리킨다.

445) 두랑(杜郎) : 만당 시인 두목을 가리킨다.

446) 산(算) : 헤아리다. 추측하다.

447) 두구(豆蔻) : 육두구(肉荳蔻). 다년생 초본 식물로 키가 열 자가량 되며 여름에 담황색의 꽃이 핀다. 두목의 시 〈헤어지는 사람에게(贈別)〉에 "야들야들 간들간들 이제 겨우 열서너 살, 봄이 오는 이월 초의 육두구 새순 같네(娉娉嫋嫋十三餘, 豆蔻梢頭二月初)"라는 구절이 있다.

448) 청루몽(靑樓夢) : 기루(妓樓)에서 지낸 꿈같은 세월을 가리킨다. 두목의 시 〈술회(遣懷)〉에 "십 년 만에 양주의 꿈에서 한 번 깨어나 보니, 청루에서 박정하단 이름만 얻게 됐네(十年一覺揚州夢, 贏得靑樓薄倖名)"라는 구절이 있다.

449) 이십사교(二十四橋) : 지금의 양저우 수서호(瘦西湖)에 있는 다리. 옛날에 미인 스물네 명이 이 다리에서 통소를 불었기 때문에 생긴

聲. 念橋邊紅藥, 年年知爲誰生.

해설

이 사에는 60자가 넘는 긴 서문이 붙어 있는데 서문에 따르면 이 사는 순희 3년(1176)에 양주를 지나가다 평화롭고 살기 좋은 고장이던 양주가 금나라와의 잦은 전쟁으로 인해 을씨년스럽기 짝이 없는 폐허로 변해 버린 것을 보고 비감을 견디지 못해 스스로 곡조를 지은 것이라고 한다. 금나라의 침략으로 폐허가 된 양주를 보고 생긴 자신의 감회를 지극히 감상적으로 노래해, 주전파의 애국사인들이 통렬한 어조로 적개심을 토해 낸 사와 사뭇 다름을 느낄 수 있다.

이름이라는 설이 있다. 다리가 스물네 개 있었기 때문이라는 설도 있지만 지금은 다리가 하나밖에 없다.

암향

그 옛날의 그 달빛이
몇 번이나 비추었나
매화나무 옆에서 피리 부는 내 모습을?
고운 임을 깨워서
추위도 상관 않고 함께 가지 꺾었는데
이 하손도 이제는 점점 늙어서
춘풍 속에 읊조리던 그 솜씨를 다 잊고
대밭 너머 성긴 꽃의 향기가 서늘하게
자리로 스미는 걸 놀라워할 뿐이다.

강가의 마을이
한창 적막한 지금
부쳐 주고 싶어도 길이 멀어 힘든데
게다가 밤눈마저 쌓이기 시작한다.
비취 술잔 손에 들면 자꾸 울고 싶은데
붉은 꽃이 말없이 그리움을 자아낸다.
늘 기억하거니와 손잡고 놀던 곳에
천 그루가 서호의 푸른 물을 눌렀나니

한 잎 한 잎 또 바람에 다 져 가는데
언제나 다시 한 번 볼 수 있을까?

暗香

舊時月色. 算幾番照我, 梅邊吹笛. 喚起玉人, 不管淸寒與攀摘. 何遜[450]而今漸老, 都忘却 · 春風詞筆. 但怪得[451] · 竹外疏花, 香冷入瑤席.

江國. 正寂寂. 歎寄與[452]路遙, 夜雪初積. 翠尊易泣. 紅萼[453]無言耿相憶. 長記曾携手處, 千樹[454]壓 · 西湖寒碧. 又片片 · 吹盡也, 何時見得.

450) 하손(何遜) : 남조 시대 양나라의 시인으로 양주법조(揚州法曹)로 재임할 때 지은 〈양주법조 관아에 매화가 만개하여(揚州法曹梅花盛開)〉라는 시가 유명하기 때문에 후세에 그를 영매시(詠梅詩)의 대표자로 꼽는다. 여기서는 강기 자신을 가리킨다.

451) 괴득(怪得) : 괴이하게 여기다.

452) 기여(寄與) : 멀리 있는 임에게 매화를 꺾어 보낸다는 뜻이다. 진관의 〈답사행〉 주 241) 참조.

453) 홍악(紅萼) : 붉은 꽃받침. 홍매를 가리킨다.

454) 천수(千樹) : 항주(杭州) 서호 안에 있는 고산(孤山)에 매화나무가 아주 많았다는 뜻이다.

해설

서문에 따르면 이 사는 소희 2년(1191)에 소주(蘇州) 교외에 있는 석호(石湖)로 범성대(范成大)를 찾아갔다가 범성대의 요청을 받고 스스로 곡조를 지은 것이다. 그는 이때 〈암향(暗香)〉과 〈소영(疏影)〉이라는 두 곡을 자작했는데, 범성대의 가기(歌妓) 소홍(小紅)이 멋들어지게 부르는 것을 보고 강기가 무척이나 좋아하자 범성대가 소홍을 그에게 주었다고 한다. '암향'과 '소영'은 모두 매화를 아내로 삼고 학을 자식으로 삼으며 항주 서호의 고산에서 은거한 임포(林逋, 967~1028)가 그의 시 〈동산의 작은 매화(山園小梅)〉에서 매화의 향기와 자태를 묘사한 명구 "성긴 모습은 맑고 얕은 호숫물에 비껴 있고, 은은한 향은 희미한 달빛 속에 번져 온다(疏影橫斜水淸淺, 暗香浮動月黃昏)"에서 따온 것이다.

사달조(史達祖)

1163~1220?

개봉(開封, 지금의 허난성 카이펑) 사람으로 자가
방경(邦卿)이고 호가 매계(梅溪)다. 간신 한탁주(韓侂冑)를
도왔기 때문에 한탁주가 북벌에 실패한 후 그도 얼굴에 글자를
새기고 원지로 유배하는 묵형(墨刑)을 받았다. 영물사에
뛰어났던 그의 사는 멋진 표현을 찾으려고 노력해
자구(字句)는 잘 다듬어졌지만 내용이
너무 공허하다는 비판을 받는다.
사집으로 《매계사》가 있다.

기라향
―봄비

냉기를 빚어서 꽃을 힘들게 하고
안개를 풀어서 버들을 가둬 놓고
천 리에 살금살금 봄 저물길 재촉한다.
온종일 사방이 어둡고 침침하여
근심 속에 날려다가 다시 그만두나니
날개가 무거움에 놀라며 나비는 서원에서 잠자고
촉촉한 흙을 좋아하며 제비는 남포에서 돌아온다.
가장 심한 건 사람들의 봄놀이 약속을 방해하여
수레가 두릉 길에 못 가게 하는 것이로다.

깊디깊은 강가에서 끝없이 바라보니
물이 불어 저녁 되자 급류로 변해
나루터가 어디인지 찾기 어렵고
어슴푸레 보이는 먼 곳의 봉우리는
눈물 젖은 사낭의 고운 눈썹이로다.
절벽에서 굽어보니 신록이 생기는데
떨어진 붉은 꽃이 근심 안고 흘러서

옛날에 대문 닫아 배꽃을 가둬 놓고
심지 자르며 밤 깊도록 얘기한 일 기억난다.

綺羅香－詠春雨

做冷欺花[455], 將[456]煙困柳, 千里偸催春暮. 盡日冥迷, 愁裏欲飛還住. 驚粉重[457]·蝶宿西園, 喜泥潤·燕歸南浦. 最妨他·佳約風流[458], 鈿車[459]不到杜陵[460]路.
沈沈江上望極, 還被春潮晚急, 難尋官渡[461]. 隱約遙峰, 和淚謝娘[462]眉嫵. 臨斷岸·新綠生時, 是落紅·帶愁流處. 記當日·門掩梨花, 剪燈[463]深夜語.

---

455) 기화(欺花) : 꽃을 기망하다. 꽃을 농락하다. 꽃샘추위가 닥친다는 말이다.

456) 장(將) : 가지다. 잡다.

457) 분중(粉重) : 나비 날개의 가루가 비에 젖어서 무거워졌다는 말이다.

458) 가약풍류(佳約風流) : 야외에서 즐겁게 놀기로 약속한 것을 가리킨다.

459) 전거(鈿車) : 각종 보물로 장식한 수레. 상춘객의 수레를 가리킨다.

460) 두릉(杜陵) : 섬서성 장안현(長安縣) 동북쪽에 있는 고을.

461) 관도(官渡) : 관아에서 관리하는 나루. 보통의 나루를 가리킨다.

462) 사낭(謝娘) : 당나라 재상 이덕유(李德裕)의 기녀 사추낭(謝秋娘). 그녀가 보기 드문 미인이었기 때문에 널리 아리따운 기녀를 가리킨다.

해설

봄비가 빚어 놓은 여러 가지 정경을 형상감 있게 묘사한 후 봄비와 관련된 자신의 옛날 일을 추억한 영물사다. 비와 관련된 일들을 묘사하면서도 작품 속에 '비'라는 말은 전혀 사용하지 않았으니 이 사가 얼마나 함축적이고 정교한지를 알 수 있다.

---

463) 전등(剪燈) : 불꽃을 크게 하기 위해 다 타서 재가 된 등잔의 심지를 잘라 내다.

오문영(吳文英)

1200?~1260?

은현[鄞縣, 지금의 저장성 닝보(寧波)] 사람으로 자가 군특(君特)이고 호가 몽창(夢窓) 또는 각옹(覺翁)이다. 평생 과거에 급제하지 못하고 소주(蘇州, 지금의 장쑤성 쑤저우) · 항주(杭州, 지금의 저장성 항저우) · 월주[越州, 지금의 저장성 사오싱(紹興)] 등지에서 막료 생활을 했다. 그는 내용이 너무 고답적이지 않고, 표현이 우아하고 함축적이며, 음률에 잘 맞는 사를 추구했다.

사집으로 《몽창사》가 있다.

풍입송

비바람 소리 속에 청명절을 지내며
슬픔 안고 꽃을 위해 묘지명을 써 본다.
헤어지던 누각 앞길 녹음에 덮였는데
수양버들 가지마다 고운 정이 서려 있다.
으슬으슬 봄추위에 취한 채 잠이 드니
꿈인 듯 생시인 듯 꾀꼬리가 자꾸 운다.

서쪽 동산 정자를 날마다 쓸어 놓고
옛날처럼 맑은 날씨 즐겨 보는데
노란 벌이 자꾸만 그넷줄을 두들기니
그때 묻은 고운 손의 향이 묻어 있나 보다.
슬프게도 한 쌍의 원앙새는 오지 않고
인적 없는 섬돌에 밤새 이끼 돋는다.

風入松
聽風聽雨過淸明．　愁草[464]瘞花銘[465]．　樓前綠暗分携[466]

464) 초(草) : 기초(起草)하다. 쓰다.

路，一絲柳・一寸柔情. 料峭[467]春寒中酒[468]，交加[469]曉夢啼鶯.
西園日日掃林亭. 依舊賞新晴. 黃蜂頻撲鞦韆索[470]，有當時・纖手香凝. 惆悵[471]雙鴛[472]不到，幽階一夜苔生.

해설

사랑하는 사람을 떠나보낸 뒤 어찌해 볼 수 없는 상황에서 혼자 그리움에 몸부림치는 안타까운 심경을 토로한 사다. 이성에 대한 자신의 감정을 단아한 언어와 나직한 말투로 꾸밈없

---

465) 예화명(瘞花銘) : 떨어진 꽃잎을 파묻을 때 쓰는 묘지명(墓誌銘)이라는 뜻으로 이 사를 가리킨다. 이 구절은 꽃이 지는 것을 슬퍼한다는 말이다.

466) 분휴(分攜) : 잡았던 손을 놓고 헤어지다.

467) 요초(料峭) : 서늘하다.

468) 중주(中酒) : 술에 취하다.

469) 교가(交加) : 번갈아 닥치다. 이 구절은 잠결에 꾀꼬리 소리가 자꾸 들린다는 말이다.

470) 추천삭(鞦韆索) : 그넷줄.

471) 추창(惆悵) : 슬프다.

472) 쌍원(雙鴛) : 수를 놓아 장식한 여자들의 고운 신발을 가리킨다. 이 구절은 떠나간 임이 돌아오지 않는다는 말이다.

이 진솔하게 표현함으로써 독자들의 가슴속에 잔잔한 파문을 일으킨다.

장염(張炎)

1248～1320?

임안[臨安, 지금의 저장성 항저우(杭州)] 사람으로 자가 숙하(叔夏)이고 호가 옥전(玉田) 또는 낙소옹(樂笑翁)이다. 남송 초 주전파의 명장 장준(張浚)의 6세손으로 어릴 때부터 관료 집안에서 다복하게 살았으나 남송이 망한 뒤 가산이 몰수되고, 대도[大都, 지금의 베이징(北京)]로 가서 관직을 구해 보려던 노력마저 실패로 끝나, 남경(南京)·소주(蘇州)·항주(杭州) 등지를 유랑하며 궁핍하게 살았다. 그는 강기(姜夔)를 추앙해 아정(雅正)하고 청공(淸空)하며 음률에 잘 맞는 사를 지어야 한다고 주장했다. 그의 사는 개인적인 신세를 노래한 것이 많지만 나라 잃은 비애를 토로한 것도 다소 있다.

사집 《산중백운사(山中白雲詞)》와 사학이론서 《사원(詞源)》이 있다.

월하적

—홀로 만죽산에서 노니는데 고즈넉한 문 앞에 낙엽이 지자 근심이 가득 일면서 〈기장이 더북더북〉의 슬픔이 생겼다. 당시 나는 용동에 있는 적취산사에 우거하고 있었다

만 리를 떠도는 외로운 구름 신세
떠도는 곳 점점 더 멀어지나니
옛날의 벗들은 어디 있을까?
싸늘한 창가에서 꿈을 꿀 때면
다니던 옛날 길이 아직 기억나나니
연창궁엔 버들이 별로 없는 듯한데
무엇보다 밤비 소리 들어 내기 어렵고
문득 놀라 꿈이 깨면 처량하고 적막해
촛불을 바라보며
말없이 이불을 끌어안는다.

그대 장서여
돌아가는 것이 어찌 이다지도 늦은가?
반쯤 영락해서도 눈에 삼삼한 것은

단교의 갈매기와 해오라기들
하늘 끝을 떠도는 이 지친 나그네는
지금의 심사가 참으로 괴롭도다.
서주의 눈물을 다시 뿌릴까 걱정되나니
두곡에는 인가가 아직 있을까?
아마도 추운 날에 소매 푸른 옷을 입고
매화가 핀 그 나무에 아직 기대 있으렷다.

月下笛－孤游萬竹山[473]中, 閒門落葉, 愁思黯然, 因動〈黍離〉[474]之感. 時寓甬東[475]積翠山舍

萬里孤雲, 淸游漸遠, 故人何處. 寒窓夢裏. 猶記經行舊時路. 連昌[476]約略[477]無多柳, 第一是·難聽夜雨. 漫驚回[478]淒悄, 相看燭影, 擁衾無語.

---

473) 만죽산(萬竹山) : 절강성 천태(天台) 서남쪽에 있는 산.

474) 서리(黍離) : 강기의 〈양주만〉 주 441) 참조.

475) 용동(甬東) : 지금의 저장성 닝보(寧波).

476) 연창(連昌) : 당나라 때의 행궁(行宮)인 연창궁. 궁전 안에 버드나무가 많았다고 한다. 원진(元稹)의 〈연창궁사(連昌宮詞)〉는 안사지란(安史之亂) 이후 황폐해진 연창궁의 모습을 묘사한 것이다. 여기서는 황폐해진 남송의 궁전을 가리킨다.

477) 약략(約略) : 아마.

478) 경회(驚回) : 깜짝 놀라 꿈에서 깨어 현실로 돌아오는 것을 가리

張緖[479]. 歸何暮. 半零落依依[480], 斷橋[481]鷗鷺. 天涯倦旅. 此時心事良苦. 只愁重灑西州[482]淚, 問杜曲[483]·人家在否. 恐翠袖[484]·正天寒, 猶倚梅花那樹.

킨다.

479) 장서(張緖) : 남제(南齊) 사람으로 어릴 때부터 재주가 있고 욕심이 없으며 풍류가 넘쳤다고 한다(《남사 · 장서열전》 참조). 여기서는 성이 같은 장염 자신을 풍류재자 장서에 비유한 것이다.

480) 의의(依依) : 잊지 못하고 그리워하는 모양.

481) 단교(斷橋) : 절강성 항주의 서호(西湖)에 놓여 있는 다리.

482) 서주(西州) : 강소성 남경에 있던 성문. 동진(東晉) 사람 사안(謝安)은 벼슬에서 물러나 은거하려던 꿈을 이루지 못한 채 병이 나서 도성으로 돌아갔는데 수레가 서주문을 지나자 스스로 심히 개탄했다. 사안의 생질로 그의 총애를 많이 받은 양담(羊曇)은 사안이 죽은 뒤 몇 년 동안 음악을 가까이하지 않고 길을 갈 때 서주로를 지나지 않았는데 하루는 몹시 취해 노래를 부르며 길을 가다가 자신도 모르는 사이에 서주문까지 갔다. 옆에 있던 사람들이 "여기는 서주문입니다"라고 하자 양담은 비감을 이기지 못해 말채찍으로 문을 두들기며 통곡했다. 《진서 · 사안전》 참조.

483) 두곡(杜曲) : 당나라 때의 귀족인 두씨들이 모여 살던 마을. 여기서는 시인 자신이 살던 고을인 항주를 가리킨다.

484) 취수(翠袖) : 두보의 〈가인(佳人)〉에 "날 추운데 소매 푸른 얇은 옷을 걸치고, 저물녘에 기다란 대나무에 기대 있네(天寒翠袖薄, 日暮依修竹)"라는 구절이 있는바, 마지막 두 구절은 두보의 시구를 빌려 항주에 있는 친구들을 그린 것이다.

해설

남송이 멸망한 뒤 객지를 떠돌아다니던 만년의 작품으로 나라 잃은 슬픔과 나그네의 설움, 고향과 친구에 대한 그리움 등을 매우 감상적으로 노래했다.

왕기손(王沂孫)

1230?~1291?

회계[會稽, 지금의 저장성 사오싱(紹興)] 사람으로 자가 성여(聖與) 또는 영도(咏道)이고 벽산(碧山) · 중선(中仙) · 옥사산인(玉笥山人) 등의 호가 있다. 남송 말기에 태어나 남송이 멸망한 뒤 원나라에서 경원로학정(慶元路學正)을 지냈다. 청나라 때의 상주사파(常州詞派) 사인 주제(周濟)가 주방언(周邦彦) · 신기질(辛弃疾) · 오문영(吳文英)과 더불어 송사가(宋詞家)로 꼽기도 한 그는 특히 영물사에 뛰어난 것으로 평가된다.

사집으로 《화외집(花外集)》(일명 《벽산악부》 또는 《옥사산인사집》)이 있다.

제천악
—매미

옷깃 가득 여한 안고 끊어진 궁인의 혼
해마다 녹음 짙은 정원수에 올라가
시원한 가지에서 잠시 울다가
우거진 잎 속으로 자리를 옮겨
다시금 이별의 한을 애타게 호소하네.
서창에 비 지나가자
옥 패물 소리가 허공을 미끄러져 가는 듯하고
옥쟁이 안주를 조절하는 듯하네.
거울은 침침하고 화장은 지워졌는데
누굴 위해 고운 살쩍이 아직 이와 같은가?

금동선인의 납 같은 눈물은 세수를 한 듯한데
한탄스럽게도 승로반을 멀리 옮겨 버렸으니
떨어지는 이슬을 모으기 어렵게 됐네.
병약한 날개가 가을이 옴에 놀라거늘
깡마른 모습으로 세상사를 겪어 낸들
몇 번이나 석양을 맞이할 수 있을까?

가냘픈 여음은 듣기 더욱 괴롭네.
왜 혼자서 청고한 마음을 품고 있다
갑자기 처량하고 구슬프게 되었는가?
부질없이 생각하네 훈풍이 불어
실 같은 버들가지 천 가닥 만 가닥 날릴 때를.

齊天樂－蟬

一襟餘恨宮魂斷[485], 年年翠陰庭樹. 乍咽凉柯, 還移暗葉, 重把離愁深訴. 西窓過雨. 怪[486]瑤珮[487]流空, 玉筝[488]調柱[489]. 鏡暗妝殘, 爲誰嬌鬢[490]尙如許[491].

---

485) 궁혼단(宮魂斷) : 왕비가 죽어서 매미로 변했다는 말이다. 진(晉)나라 최표(崔豹)의 《고금주(古今注) · 문답석의(問答釋義)》에 "우형이 '매미를 제녀라고 부르는 것은 무엇 때문입니까?' 하고 물었더니 '제나라 왕후가 억울하게 죽은 뒤 그 시체가 매미로 변해 마당의 나무 위에 올라가서 맴맴하고 울자 왕이 뉘우쳤습니다. 그렇기 때문에 세상에서 매미를 제녀라고 하는 것입니다' 하고 대답했다(牛亨問曰 : '蟬名齊女者何?' 答曰 : '齊王后忿而死, 屍變爲蟬, 登庭樹嘒唳而鳴, 王悔恨. 故世名蟬曰齊女也')"라는 기록이 있다.

486) 괴(怪) : ~이 아닌가 하고 괴이하게 여기다.

487) 요패(瑤珮) : 옥으로 만든 패물. 매미 소리를 옥 패물 흔들리는 소리에 비유한 것이다.

488) 옥쟁(玉筝) : 쟁의 미칭. 매미 소리를 쟁 소리에 비유한 것이다.

489) 주(柱) : 안주(雁柱). 기러기발. 현악기의 줄 밑에 괴는 기러기 발

銅仙[492]鉛淚[493]似洗, 歎移盤[494]去遠, 難貯零露. 病翼[495]驚秋, 枯形閱世[496], 消得[497]斜陽幾度. 餘音[498]更苦. 甚[499]獨抱淸高, 頓成凄楚[500]. 漫想薰風, 柳絲千萬縷.

모양의 기구.

490) 교빈(嬌鬢) : 아름다운 살쩍. 매미의 날개를 미인의 살쩍에 비유한 것이다.

491) 여허(如許) : 이와 같다.

492) 동선(銅仙) : 금동선인(金銅仙人). 신선 사상을 신봉한 한나라 무제가 장안(長安, 지금의 산시성 시안)에 있는 건장궁(建章宮)에 금동으로 신선의 상을 만들고 그 손바닥 위에 쟁반을 올려놓아 감로(甘露)를 받아서 마심으로써 장수를 꾀했는데, 한나라가 멸망한 뒤 위(魏)나라 명제가 이것을 낙양(洛陽)으로 옮겨 가려고 하자 금동선인이 눈물을 주룩주룩 흘렸다고 한다. 이하(李賀), 〈금동선인이 한나라 궁전을 떠나는 노래(金銅仙人辭漢歌)〉 참조.

493) 연루(鉛淚) : 액체 상태의 납처럼 지극히 맑고 영롱한 눈물.

494) 이반(移盤) : 감로수 받는 쟁반, 즉 승로반(承露盤)을 낙양으로 옮겨 갔다는 뜻으로, 이슬을 먹고 사는 매미가 먹을거리를 잃었음을 가리키고 더 나아가 남송이 멸망했음을 가리킨다.

495) 병익(病翼) : 쇠잔해진 매미의 날개를 가리킨다.

496) 열세(閱世) : 세상사를 겪다.

497) 소득(消得) : 누리다. 향유하다.

498) 여음(餘音) : 울 수 있는 시일이 얼마 안 남은 매미 소리를 가리킨다.

499) 심(甚) : 무엇 때문에. 왜.

해설

원나라 세조 지원 15년(1278) 원나라 승려 양련진가(楊璉眞伽)가 무덤 속에 있는 금은보화를 훔치기 위해 남송 고종(高宗)·이종(理宗)의 무덤을 비롯한 여섯 황릉을 도굴했는데, 이 일은 그곳 민중의 의분을 자아내어 당옥(唐鈺)·임경희(林景熙) 등의 의사들이 민중을 모아 여러 황제와 황후의 유해를 수습하고 몰래 안장한 후 무덤 위에 동청수(冬青樹)를 심어서 표지로 삼았다. 당시 주밀(周密)·장염(張炎)·왕기손 등 남송 유민 14명이 영물사를 지어서 이 일을 읊었으니 이것이 유명한 《악부보제(樂府補題)》 37수다. 그들은 용연향(龍涎香)·백련(白蓮)·순채[蓴]·매미[蟬]·게[蟹] 등 다섯 가지 사물을 각기 다른 사조(詞調)로 읊었는데 이 가운데 용연향·순채·게 등은 황제를 상징하고, 매미와 백련은 황후를 상징한다. 왕기손의 이 사는 이 가운데 하나로 매미를 읊음으로써 망국의 슬픔을 노래한 것이다.

---

500) 둔성처초(頓成凄楚) : 갑자기 처량해지다.

이청조(李淸照)

1084~1145.

제남(濟南, 지금의 산둥성 지난) 사람으로 호가 이안거사(易安居士)다. 사대부 집안에서 태어나 18세 때 금석학자(金石學者) 조명성(趙明誠)과 결혼해 다복하게 살았으나 정강지변(靖康之變, 1126~1127) 이후 남편도 병사하고 나라도 망한 이중의 고통 속에 지금의 장쑤성 · 저장성 일대에서 피난 생활을 했다. 이청조는 중국문학사상 가장 걸출한 여류 시인으로 특히 사를 잘 지었다.

사집으로 《수옥사(漱玉詞)》가 있다.

여몽령

어젯밤에 비 뿌리고 바람 몰아쳤는데
한숨 푹 자고 나도 술이 아직 덜 깼다.
발 걷는 아이에게 물어봤더니
해당화가 여전히 있을 것이라 한다.
아는가 모르는가?
아는가 모르는가?
푸른 잎은 살찌고 꽃은 말랐으렷다.

如夢令
昨夜雨疏風驟. 濃睡不消殘酒. 試問捲簾人[501], 却道[502]海棠依舊. 知否. 知否. 應是綠肥紅瘦.

---

501) 권렴인(捲簾人) : 시녀를 가리킨다.

502) 각도(却道) : 도리어 ~라고 말하다. 이 구절은 꽃이 다 졌을 것으로 생각하고 걱정스러운 마음으로 조심스럽게 물어봤는데 시녀가 생각 없이 뜻밖의 대답을 한다는 말이다.

해설

폭풍우가 지나간 어느 늦봄 아침에 꽃이 다 져 버렸을 줄 알고 안타까워하는 심정을 노래한 감상적인 사다. "밤사이에 바람 소리 빗소리가 들렸으니, 고운 꽃이 얼마나 떨어졌을까?(夜來風雨聲, 花落知多少?)"라고 한 당나라 시인 맹호연(孟浩然)의 시 〈봄 새벽(春曉)〉과 작품 세계가 비슷하지만 표현과 상황 설정이 보다 형상적이고 자연스러워서 더욱 친근감을 준다.

취화음
—중양절

근심 속에 안개 엷고 구름 짙은 낮이 가고
짐승 모양 향로에 서뇌향이 다 탔다.
다시 맞은 중양 가절
옥베개와 깁 모기장
밤중이 되어서야 시원한 기운이 스며든다.

황혼 든 뒤 울타리 옆에서 술잔 잡으니
그윽한 향기가 소매에 가득 밴다.
넋이 나가지 않았다고 말하지 마라
서풍이 불어와 발을 말아 올리면
사람이 국화보다 수척할 테니.

醉花陰—九日[503]

薄霧濃雲愁永晝[504]. 瑞腦[505]消金獸[506]. 佳節又重陽, 玉枕紗廚[507], 半夜凉初透.

---

503) 구일(九日) : 음력 9월 9일, 즉 중양절을 가리킨다.

504) 영주(永晝) : 긴 낮. 온 낮을 가리킨다.

東籬[508]把酒黃昏後. 有暗香盈袖. 莫道[509]不消魂[510], 簾捲西風, 人比黃花瘦.

해설

이것은 남편 조명성(趙明誠)이 내주(萊州, 지금의 산둥성 라이저우)에 갔을 때 청주(青州, 지금의 산둥성 칭저우)에 머물던 이청조가 혼자 중양절을 쇠는 쓸쓸한 심정을 노래한 작품이라고 알려져 있는데 원나라 이세진(伊世珍)의 《낭현기(琅嬛記)》에 따르면, 이청조가 이 사를 남편에게 부쳐 보내자 남편이 감탄하며 이것을 능가하는 작품을 지어 보려고 사흘 밤낮에 걸쳐 식사도 거르고 잠도 설쳐 가

---

505) 서뇌(瑞腦) : 서뇌향. 향의 일종으로 용뇌(龍腦)라고도 한다.

506) 금수(金獸) : 짐승 머리 모양을 조각한 금빛 나는 구리 향로.

507) 사주(紗廚) : 얇은 비단으로 만든 휘장 또는 모기장. '사주(紗幮)'와 같다.

508) 동리(東籬) : 동쪽 울타리. 도연명(陶淵明)의 시 〈술을 마시고(飮酒)〉 제5수의 "동쪽 울타리 밑에서 국화를 따노라니, 저 멀리 아득히 남산이 보인다(採菊東籬下, 悠然見南山)"라는 표현을 인용함으로써 국화 감상의 운치를 더한 것이다.

509) 막도(莫道) : 말하지 말라.

510) 소혼(消魂) : 극도의 근심으로 인해 넋이 나가다.

며 50수를 지어서 이청조의 이 사와 한데 섞어 놓고 친구 육덕부(陸德夫)에게 가장 잘된 작품을 골라 보라고 했더니 육덕부가 이청조의 이 사를 골랐다고 한다. 육덕부는 그중에서도 마지막 세 구절을 특히 뛰어난 구절로 절찬했다고 한다. 이청조의 표현이 남달리 참신함을 말해 주는 일화다.

성성만

찾고 찾고 또 찾아도
차디차고 차디찰 뿐
이 마음은 슬프고 또 슬프구나.
잠시 따뜻해졌다가 금방 다시 추워지니
이럴 땐 몸을 보중하기 가장 힘이 드는구나.
묽은 술 두어 잔을 마셔 보건만
어찌 견디리 저녁녘의 거센 바람을?
기러기 지나가는데
옛날에 알던 것이라 마음이 참 아프구나.

대지에 누런 국화 가득 쌓여 있는데
초췌해져 버렸으니 지금은 딸 게 뭐 있으리?
창문을 지키고 앉아
나 혼자서 어떻게 어둠을 맞이하리?
오동잎엔 더구나 가랑비마저 내려
황혼 녘이 되도록 방울방울 떨어지니
이러한 내 심정을
근심 '수(愁)' 자 한 글자로 어찌 다 표현하리?

聲聲慢

尋尋覓覓. 冷冷淸淸, 悽悽慘慘戚戚. 乍暖[511]還寒, 時候最難將息[512]. 三杯兩盞淡酒, 怎敵他 · 晩來風急. 雁[513]過也, 正傷心 · 却[514]是舊時相識.

滿地黃花[515]堆積. 憔悴損 · 如今有誰[516]堪摘. 守着窓兒, 獨自怎生[517]得黑[518]. 梧桐更兼細雨, 到黃昏 · 點點滴滴. 這次第[519], 怎一個 · 愁字[520]了得[521].

---

511) 사난(乍暖) : 잠시 동안 따뜻하다.

512) 장식(將息) : 몸을 보중(保重)하다.

513) 안(雁) : 편지를 전해 주는 수단을 가리킨다. 그러나 남편이 이미 죽었기 때문에 편지를 부칠 상대가 없다.

514) 각(却) : 바로. 이 구절은 그 기러기가 바로 남편이 살아 있을 때 함께 보았던 안면 있는 기러기라는 말이다.

515) 황화(黃花) : 국화를 가리킨다.

516) 수(誰) : 무엇.

517) 즘생(怎生) : 어떻게.

518) 득흑(得黑) : 어두운 밤을 맞다.

519) 저차제(這次第) : 이 처지. 이 모습.

520) 일개수자(一個愁字) : '근심스럽다'는 뜻을 지닌 '수(愁)'라는 글자 하나.

521) 요득(了得) : 다 처리하다. 완전히 표현한다는 뜻이다. 이 구절은 '근심스럽다'는 평범한 말 한마디로는 도저히 자신의 근심을 다 표현할

해설

강남에서 피난 생활을 할 때 지은 것으로 남편이 죽은 뒤의 처량한 심정을 애절하게 노래했다. 대범하고도 적절하게 첩자와 구두어를 잘 구사해서 더욱 맛깔스럽다.

수 없다는 말이다.

해설

사(詞)는 대중가요의 가사로 쓰일 것을 전제로 지은 서정시의 일종으로, 점잖은 사대부들이 이별의 아쉬움, 나그네의 설움, 고향에 대한 그리움, 인생무상의 감회는 물론, 시로는 토로하기 어려운 이성애(異性愛)까지도 자유로이 토로할 수 있는 독특한 문학 양식이었다. 근엄하고 반듯한 대인군자들이 사 앞에서는 자신의 모든 위엄을 잠시 내려놓고 숨김없는 인간 본연의 모습을 드러내곤 했던 것이다.

사는 다른 나라에서는 유례를 찾아보기 힘든 중국 특유의 문학 양식이다. 그러나 그것은 중국 고전 문학에서 매우 중요한 위상을 지니고 있다. 중국 문학을 흔히 '당시(唐詩) · 송사(宋詞) · 원곡(元曲)'이라는 말로 개괄하거니와 이는 당나라 때의 대표적인 문학 양식은 시이고, 송나라 때의 대표적인 문학 양식은 사이며, 원나라 때의 대표적인 문학 양식은 곡이라는 말이다. 이처럼 사는 송나라 때에 전성기를 맞이한, 송나라를 대표하는 문학 양식인데 그것의 발전 과정을 대략적으로 살펴보면 다음과 같다.

초기의 사는 민간에서 발생해 민간인의 애환을 담은 가사 문학으로서 한동안 민간인들 사이에 구전되다가 사라져 버린 것이 많기 때문에 그 연원을 밝히기가 쉽지 않다. 다만 성당 시인 이백(李白, 701~762)의 사 〈보살만(菩薩蠻)〉과 〈억진아(憶秦娥)〉가 사의 비조로 꼽히는 것을 보면[왕세정(王世貞, 1526~1590)의 《예원치언(藝苑巵言)》 〈부록 1〉 참조], 문인들이 사를 짓기 시작한 것은 성당(盛唐) 무렵의 일임을 짐작할 수 있다. 그 뒤 만당(晚唐)·오대(五代)에 이르러 문인사가 본격적으로 지어지기 시작해서 온정균(溫庭筠, 812?~866?)·위장(韋莊, 836?~910)을 대표로 하는 이른바 화간파(花間派) 사인(詞人)들과 풍연사(馮延巳, 903~960)·이욱(李煜, 937~978) 등의 남당(南唐) 사인들이 나왔다. 만당·오대 때의 사는 대개 사의 본색에 충실해 남녀 간의 사랑과 이별·향수·인생무상 등의 제재를 매우 감상적인 어조로 노래했다.

북송에 들어와서도 안수(晏殊, 991~1055)·구양수(歐陽修, 1007~1072) 등은 풍연사의 사풍(詞風)을 답습해 인생무상감·고독감·향수 등의 감회를 편폭이 짧은 소령(小令)에 담았고, 유영(柳永, 987?~1053?)·장선(張先, 990~1078) 등 극소수 사인만이 적극적으로 편폭이

긴 만사(慢詞)를 짓기 시작했다. 특히 음악에 정통한 유영은 만사의 발달에 지대한 공을 세워 사의 형식을 해방한 사람이라는 평가를 받는다. 그러나 내용 면에서는 여전히 여성적이고 감상적인 사풍에서 벗어나지 못했다.

그러다가 소식(蘇軾, 1036~1101)에 이르러 사는 마침내 사대부의 갖가지 감정을 다 노래하는 서정시로 승격했다. 소식은 시로써 노래할 수 있는 제재는 무엇이든지 사로써도 노래했을 정도로 제재를 다양화했을 뿐만 아니라 제목 뒤에 서문을 병기하는 시의 전통을 사에다 대거 적용하기도 했고, 가사 문학이라는 제약 때문에 이전의 사에서는 별로 사용하지 않던 전고(典故)도 대량으로 사용하는 등 사에다 시적 성격을 많이 가미함으로써 '이시위사(以詩爲詞 : 시를 짓는 태도로 사를 짓다)'의 기풍을 열었다. 소식의 사는 내용 면에서도 여성성을 탈피해 남성화하는 경향이 강했고, 형식 면에서도 음률에 얽매이지 않았기 때문에 지금까지의 여성적이고 감상적이면서 음률에 잘 맞는 완약사(婉約詞)와 구별해 호방사(豪放詞)라고 불렀다. 그러나 사는 본래 대중가요의 가사라는 특수성을 지니고 있기 때문에 소식이 창시한 호방사는 그 뒤로 한동안 계승자가 없었다. 그리하여 진관(秦觀, 1049~1100) · 주방언(周邦彥, 1056~1121) · 이청조(李淸照, 1084~1145) 등의 많은 유명 사인들이 모두 호방사를 외면하고 완약사를 지었다.

남송 전기에는 북벌을 감행해 금나라에 빼앗긴 조국의 북반부를 수복해야 한다는 항금 투지와 애국심을 사에다 담은 사인들이 많았으니 이들을 남송 애국사인이라고 하는바, 대표적인 사람으로 악비(岳飛, 1103~1142) · 육유(陸游, 1125~1210) · 장효상(張孝祥, 1132~1169) · 신기질(辛棄疾, 1140~1207) 등이 있었다. 이들은 내용이 비장하고 호쾌하다는 측면에서나 음률을 가다듬지 않았다는 측면에서나 공히 소식의 사풍을 계승해 더욱 발전시켰다. 소식에게서 비롯해 남송 때에 성행한 이 유파를 호방파라고 한다.

남송 후기에는 남송과 금나라의 관계가 소강상태를 보이면서 사가 다시 노래의 가사라는 본연의 모습으로 돌아가 부드럽고 청아한 내용을 엄격한 음률에다 담으려는 완약사가 대세를 이루었다. 이 유파의 대표자로는 강기(姜夔, 1155~1221?) · 사달조(史達祖, 1163~1220?) · 오문영(吳文英, 1200?~1260?) · 왕기손(王沂孫, 1230?~1291?) · 장염(張炎, 1248~1320?) 등이 있었다.

송나라가 남쪽으로 쫓겨난 이후 회하(淮河) 이북 지역을 점령한 금나라에서도 사 창작의 명맥은 이어졌지만 송나라의 사와는 비교할 수 없을 정도로 성취가 미미했으며, 몽고족의 통치하에 있었던 원나라 때에는 곡(曲)이 흥성하면서 사가 더욱 쇠퇴하고 말았다.

한번 쇠퇴한 작사의 기풍은 한족이 통치권을 되찾은 명나라 때에도 좀처럼 회복되지 않아 양신(楊愼, 1488~1559)·이반룡(李攀龍, 1514~1570)·왕세정(王世貞, 1526 ~1590)·진자룡(陳子龍, 1608~1647) 등이 어느 정도의 성취를 이루는 데 그쳤다.

청나라에 이르러 모든 분야에 걸친 복고 풍조에 힘입어 사 또한 부흥의 시기를 맞이했다. 그러나 이 시기에는 새로운 작품 세계를 개척하기보다는 역대 사의 정리와 이에 대한 연구에서 더 많은 성취를 이루었다. 그리하여 현전하는 역대 사의 총집(總集)과 선집(選集)은 물론 사화(詞話)·사보(詞譜)·사운(詞韻) 등의 저작이 대부분 이 시기에 편찬되었다.

청나라 초기에는 오위업(吳偉業, 1609~1672)·왕사정(王士禎, 1634~1711)·고정관(顧貞觀, 1637~1714)·납란성덕(納蘭性德, 1655~1685) 등 비교적 큰 성취를 이룬 사인도 있었지만, 청나라 때의 사는 주로 양선사파(陽羨詞派)·절서사파(浙西詞派)·상주사파(常州詞派) 등 세 사파를 중심으로 발전했다. 양선사파는 양선[지금의 장쑤성 이싱(宜興)] 사람 진유숭(陳維崧, 1625~1682)이 창도한 사파로 청나라 초기에 한때 사단(詞壇)을 풍미했다. 양선사파는 북송 사인 소식과 남송 사인 신기질의 사를 본보기로 삼아 음률보다 내용을 중시했고, 사로써 노래할 수 없는 제재가 없다는 관점을 견지했으며, 완약사와 마찬가지로 호방사도 사의 본색이라고 여겨 상대적으로 호방사풍을 중시했다. 그들은 또 사를 시, 더 나아가 경서(經書)나 사서(史書)와 대등하게 취급함으로써 사라는 문학 양식의 지위를 한층 높였다.

양선사파는 비슷한 시기에 흥기한 절서사파의 득세로 인해 오래지 않아 쇠락하고 말았다. 절서사파는 수수[秀水, 지금의 저장성 자싱(嘉興)] 사람 주이준(朱彝尊, 1629~1709)이 창도한 사파로 남송 사인 강기와 장염의 사를 본보기로 삼아 '청공(淸空)'과 '순아(醇雅)'를 표방하며 아정하고 음률에 잘 맞는 아사(雅詞)를 추구했다.

상주사파는 상주(지금의 장쑤성 창저우) 사람 장혜언(張惠言, 1761~1802)이 창도한 사파로 청나라 말기에 이르기까지 사단에 지대한 영향을 미쳤다. 상주사파는 사를 '마음속에 정의(情意)가 들어 있어서 그것이 언어의 형태를 띠고 바깥으로 표출된 것(意內言外)'이라고 정의하고 사를 《시경》의 변풍(變風)과 초사(楚辭)에 비견함으로써 사의 지위를 많이 격상시켰다. 이들은 북송 사인 주방언의 사를 본보기로 삼아 '심오하고 아름답고 크고 집약적인(深美宏約)' 사풍을 추구하고 비흥(比興)과 기탁(寄託)을 중시했다.

당규장(唐圭璋, 1901~1990)이 송나라 때의 사 작품을 망라해 편찬한 《전송사(全宋詞)》에 1330여 명의 사 약 2만 수가 수록되어 있고, 그 뒤 공범례(孔凡禮, 1923~2010)가 누락된 부분을 보충해 편찬한 《전송사보집(全宋詞補輯)》에 140여 명의 사 약 430수가 수록되어 있으니, 사는 가히 송나라를 대표하는 문학 양식으로서 손색이 없다고 하겠다. 이처럼 방대한 작품을 두루 다 읽기는 매우 불편하고 효율성이 떨어지기 때문에 청나라 사람 주조모(朱祖謀, 1857~1931)가 이 가운데 300수를 선정해 《송사삼백수(宋詞三百首)》를 편찬했다. 주조모는 주방언의 사를 본보기로 삼는 상주사파에 속하는 사람이었기 때문에 그가 편찬한 《송사삼백수》는 호방사를 경시하고 완약사를 중시하는 경향이 다분하다는 문제점이 없지는 않다. 그러나 그럼에도 불구하고 이 책은 송나라 문인들의 사를 알고자 하는 사람이라면 반드시 읽어야 할 대표적인 송사 선집임에 틀림없다.

그런데 읽어야 할 책이 수없이 많은 현대인에게는 《송

사삼백수》조차도 다 읽기가 버거울 것이다. 그러므로 필자가 그중에서도 인구에 특히 많이 회자하는 정수 중의 정수 53수를 가려 뽑아서 《원서발췌 송사삼백수》를 편찬했다. 이 작은 선집이 독자들이 한결 쉽고 흥미롭게 송사에 다가가는 길잡이가 되기를 희망한다.

2016년 1월

류종목

엮은이에 대해

주조모(朱祖謀)는 1857년에 주광제(朱光第)와 손씨(孫氏) 사이의 4남 중 장남으로 태어났다. 어려서부터 문학에 깊은 관심을 보였으며 특히 시사(詩詞)를 좋아하였다. 26세의 나이로 과거시험에 합격하여 1883년에 '제이갑(第二甲)' 진사(進士) 124인에 올랐다. 25세에 거인(擧人)이 되어 예부시랑(禮部侍郞)까지 올랐다. 이후 약 20여 년간 관직 생활을 하면서 국사관(國史館), 회전관(會典館), 예부(禮部), 이부(吏部) 등에서 봉직하였다.

황주이(況周頤), 왕붕운(王鵬運), 정문작(鄭文焯)과 함께 청말의 사대사가(四大詞家)로 꼽힌다. 일명 주효장(朱孝臧)라고도 하는데, 자는 고미(古微) 또는 곽생(藿生), 호는 구윤(漚尹) 또는 강촌(彊村)이다.

1931년에 상해(上海)에서 만 74세로 사망했다. 저서로는 사집 《강촌어업(彊村語業)》 3권과 시집 《강촌기고(彊村棄稿)》 6권이 있고, 역대의 사집(詞集) 173종을 교감하여 정리한 《강촌총서(彊村叢書)》가 있다.

옮긴이에 대해

류종목(柳種睦)은 서울대학교 중어중문학과를 졸업하고 동 대학원에서 문학박사 학위를 취득했다. 대구대학교 중어중문학과 교수와 서울대학교 중어중문학과 교수를 역임했으며 현재 서울대학교 명예교수다. 주요 저서 및 역서로 《소식사연구(蘇軾詞硏究)》, 《당송사사(唐宋詞史)》, 《여산진면목(廬山眞面目)》, 《논어의 문법적 이해》, 《송시선(宋詩選)》, 《범성대 시선(范成大詩選)》, 《팔방미인 소동파》, 《육유 시선(陸游詩選)》, 《소동파 시선(蘇東坡詩選)》, 《소동파 사(蘇東坡詞)》, 《당시삼백수(唐詩三百首) 1, 2》, 《중국고전문학정선—시가 1, 2》, 《정본완역소동파시집 1, 2, 3, 4, 5》, 《중국고전문학정선—시경 초사》, 《소동파 산문선》, 《중국고전문학정선—사곡(詞曲)》, 《소동파 문학의 현장 속으로 1, 2》, 《송사삼백수 천줄읽기》, 《유종원 시선(柳宗元詩選)》, 《소식의 인생 역정과 사풍(詞風)》, 《한시 이야기》, 《소동파 전기 명시》, 《소동파 후기 명시》, 《유종원 산문선》 등이 있다.

원서발췌 송사삼백수

엮은이 주조모
옮긴이 류종목
펴낸이 박영률

초판 1쇄 펴낸날 2016년 3월 10일
개정1판 1쇄 펴낸날 2025년 8월 20일

커뮤니케이션북스(주)
출판등록 제313-2007-000166호(2007년 8월 17일)
02880 서울시 성북구 성북로 5-11
전화 (02) 7474 001, 팩스 (02) 736 5047
commbooks@commbooks.com
www.commbooks.com

ISBN 979-11-430-0982-1 03820

책값은 뒤표지에 있습니다.